Introdução à Carta aos Hebreus

I0149040

Introdução à Carta aos Hebreus

sob a supervisão de
David Young

Essenciais Teológicos

Library of Congress Cataloging-in-Publication Data Dados de
Catalogação na Publicação da Biblioteca do Congresso del Congreso

David Young (criador).
[Introduction to the Letter to the Hebrews/ David Young] Introdução à
Carta aos Hebreus/ David Young

109 + x pp. cm. 12.7 x 20.32

ISBN 979-8-89731-691-5 (imprimir livro) ISBN
979-8-89731-130-9 (livro eletrônico) ISBN
979-8-89731-131-6 (Kindle)

    1. Bíblia. N.T. Hebreus — Introduções
    2. Bíblia. N.T. Hebreus — Crítica, interpretação, etc.
BS2775.3 .Y68 2025p

Este livro está disponível em vários idiomas em www.DTLPress.com

Imagem da capa: Folha de um manuscrito iluminado da Epístola aos
Hebreus, produzido em 1101 por Joannes Koulix.
Crédito da foto: MetMuseum.org, imagem 1991.232.15

DTL

Sumário

Prefácio da série

A Inteligência Artificial (IA) está mudando tudo, incluindo a bolsa de estudos e a educação teológica. Esta série, *Livros Essenciais Teológicos* (Theological Essentials), foi criada para trazer o potencial criativo da IA para o campo da educação teológica. No modelo tradicional, um acadêmico com domínio do discurso acadêmico e um histórico de ensino bem-sucedido em sala de aula gastaria vários meses — ou até mesmo vários anos — escrevendo, revisando e reescrevendo um texto introdutório que seria então transferido para uma editora que também investia meses ou anos em processos de produção. Embora o produto final fosse tipicamente bastante previsível, esse processo lento e caro fez com que os preços dos livros didáticos disparassem. Como resultado, os alunos em países desenvolvidos pagaram mais do que deveriam pelos livros e os alunos em países em desenvolvimento normalmente não tinham acesso a esses livros didáticos (de custo proibitivo) até que eles aparecessem como descartes e doações décadas depois. Em gerações anteriores, a necessidade de garantia de qualidade — na forma de geração de conteúdo, revisão especializada, edição de texto e tempo de impressão — pode ter tornado essa abordagem lenta, cara e excludente inevitável. No entanto, a IA está mudando tudo.

Esta série é muito diferente; é criado por IA. A capa de cada volume identifica o trabalho como "criado sob a supervisão de" um especialista na área. No entanto, essa pessoa não é um autor no sentido tradicional. O criador de cada volume foi treinado pela equipe da DTL no uso de IA e o criador usou IA para criar, editar, revisar e recriar o texto que você vê. Com esse processo de criação claramente identificado, deixe-me explicar os objetivos desta série.

Nossos objetivos:

Credibilidade: Embora a IA tenha feito — e continue a fazer — grandes avanços nos últimos anos, nenhuma IA não supervisionada pode criar um texto de nível universitário ou de seminário verdadeiramente confiável ou totalmente confiável. As limitações do conteúdo gerado por IA às vezes se originam das limitações do próprio conteúdo (o conjunto de treinamento pode ser inadequado), mas, mais frequentemente, a insatisfação do usuário com o conteúdo gerado por IA surge de erros humanos associados à engenharia de prompts ruim. A DTL Press procurou superar esses dois problemas contratando acadêmicos estabelecidos com experiência amplamente reconhecida para criar livros em suas áreas de especialização e treinando esses acadêmicos e especialistas em engenharia de prompts de IA. Para ser claro, o acadêmico cujo nome aparece na capa desta obra criou este volume — gerando, lendo, regenerando, relendo e revisando a obra. Embora a obra tenha sido gerada (em vários graus) por IA, os nomes de nossos criadores acadêmicos aparecem na capa como uma garantia de que o conteúdo é igualmente confiável com qualquer trabalho introdutório que esse acadêmico/criador escreveria usando o modelo tradicional.

Acessibilidade: A DTL Press está comprometida com a ideia de que a acessibilidade não deve ser uma barreira ao conhecimento. Todas as pessoas são igualmente merecedoras do direito de saber e entender.

Portanto, versões em e-book de todos os livros da DTL Press estão disponíveis nas bibliotecas da DTL sem custo e disponíveis como livros impressos por uma taxa nominal. Nossos acadêmicos/criadores devem ser agradecidos por sua disposição de abrir mão dos acordos tradicionais de royalties. (Nossos criadores são compensados por seu trabalho generativo, mas não recebem royalties no sentido tradicional.)

Acessibilidade: A DTL Press gostaria de disponibilizar livros didáticos introdutórios de alta qualidade e baixo custo para todos, em qualquer lugar do mundo. Os livros desta série são imediatamente disponibilizados em vários idiomas. A DTL Press criará traduções em outros idiomas mediante solicitação. As traduções são, é claro, geradas por IA.

Nossas limitações reconhecidas:

Alguns leitores estão, sem dúvida, pensando, "mas a IA só pode produzir bolsa de estudos derivada; a IA não pode criar bolsa de estudos original e inovadora." Essa crítica é, é claro, em grande parte precisa. A IA é amplamente limitada a agregar, organizar e reembalar ideias pré-existentes (embora às vezes de maneiras que podem ser usadas para acelerar e refinar a produção de bolsa de estudos original). Ainda reconhecendo essa limitação inerente da IA, a DTL Press ofereceria dois comentários: (1) Textos introdutórios raramente são pensados para serem verdadeiramente inovadores em sua originalidade e (2) a DTL Press tem outras séries dedicadas à publicação de estudos originais com autoria tradicional.

Nosso convite:

A DTL Press gostaria de reformular fundamentalmente a publicação acadêmica no mundo teológico para tornar a bolsa de estudos mais acessível e mais acessível de duas maneiras. Primeiro, gostaríamos de gerar textos introdutórios em todas as áreas do discurso teológico, para que ninguém seja forçado a "comprar um livro didático" em qualquer idioma. Nossa visão é que professores em qualquer lugar possam usar um livro, dois livros ou um conjunto inteiro de livros desta série como livros didáticos introdutórios para suas aulas. Segundo, também gostaríamos de publicar monografias acadêmicas de autoria tradicional para distribuição de acesso aberto (gratuita) para um público acadêmico avançado.

Finalmente, a DTL Press não é confessional e publicará obras em qualquer área de estudos religiosos. Livros de autoria tradicional são revisados por pares; a criação de livros introdutórios gerados por IA está aberta a qualquer pessoa com a experiência necessária para supervisionar a geração de conteúdo nessa área do discurso. Se você compartilha o compromisso da DTL Press com credibilidade, acessibilidade e preço acessível, entre em contato conosco sobre mudar o mundo da publicação teológica contribuindo para esta série ou uma série de autoria mais tradicional.

Com grandes expectativas
Thomas E. Phillips
Diretor Executivo da DTL Press

www.DTLPress.com
www.thedtl.org

Capítulo 1
Por que Hebreus é importante

A Epístola aos Hebreus ocupa um lugar único e frequentemente subestimado no cânone do Novo Testamento. Nem uma epístola tradicional nem uma narrativa evangélica, Hebreus desafia categorizações fáceis. Lê-se mais como um sermão extenso — um sermão que combina rica reflexão teológica com urgente exortação pastoral. Seu autor, cuja identidade permanece desconhecida, elabora uma mensagem de notável poder retórico e profundidade bíblica. Hebreus fala simultaneamente à mente e ao coração, convidando os leitores a contemplar a majestade de Cristo, ao mesmo tempo que alerta contra a complacência espiritual que pode levar à apostasia.

No cerne da epístola encontra-se um retrato majestoso de Jesus Cristo — Filho de Deus, grande Sumo Sacerdote e mediador de uma aliança superior. Este retrato é construído por meio de uma série de exposições e comparações bíblicas. O autor recorre extensivamente ao Antigo Testamento, em particular à Septuaginta, para mostrar como Jesus cumpre e supera as instituições e figuras da história de Israel. Dos anjos e Moisés ao sacerdócio levítico e ao tabernáculo, todas as revelações e mediadores anteriores apontam para Cristo.

Vários temas surgem com destaque ao longo da carta:

A Superioridade de Cristo: Hebreus abre com uma poderosa afirmação da identidade divina de Cristo e de sua missão redentora (Hb 1:1-4). Jesus é retratado como a revelação final e definitiva de Deus, superior aos anjos, profetas e mensageiros anteriores.

O Sacerdócio Celestial: No centro da epístola está a descrição de Jesus como um grande Sumo Sacerdote, não na ordem de Arão, mas de Melquisedeque. Ao contrário dos sacerdotes terrenos, que oferecem sacrifícios repetidos, Jesus entra no santuário celestial para se oferecer uma vez por todas (Hb 4:14–5:10; 7:1-28).

O Cumprimento das Escrituras: O autor de Hebreus lê o Antigo Testamento cristologicamente, usando figuras como Melquisedeque e textos como o Salmo 110 e Jeremias 31 para argumentar que Jesus completa os propósitos da aliança de Deus.

Perseverança na Fé: Entrelaçada com a teologia, há uma série de advertências pastorais urgentes. Os crentes são exortados a prosseguir, a se manterem firmes e a evitar o perigo de se desviarem. Essas passagens de advertência (por exemplo, Hb 2:1-4; 6:4-12; 10:26-31) ressaltam a seriedade da apostasia e a necessidade de perseverança.

Além de sua riqueza temática, Hebreus se destaca por sua arte literária e sofisticação retórica. O autor faz uso frequente de recursos retóricos como inclusão, analogia e diatribe. A carta é estruturada de tal forma que exposição e exortação se alternam, criando um ritmo que tanto ensina quanto convence. Longe de ser um tratado teológico árido, Hebreus é um apelo dinâmico que conduz o leitor da compreensão à resposta.

Por que estudar Hebreus hoje? Os motivos são vários:

Profundidade Teológica: Hebreus oferece uma das meditações mais profundas sobre a pessoa e a obra de Cristo no Novo Testamento. Sua exploração da encarnação, do sacerdócio, da expiação e da escatologia convida os leitores a mergulhar no mistério e na majestade do plano redentor de Deus.

Interpretação das Escrituras: Poucos textos do Novo Testamento demonstram um envolvimento tão sustentado e criativo com o Antigo Testamento. Hebreus modela uma maneira de ler as Escrituras profundamente cristocêntrica e teologicamente robusta.

Urgência Pastoral: A epístola foi escrita para pessoas sob pressão — tentadas a desistir ou recuar. Suas exortações para perseverar e permanecer firmes são tão relevantes hoje quanto eram naquela época, especialmente em um mundo onde a fé é frequentemente desafiada pelo sofrimento, pela dúvida ou pela marginalização cultural.

Relevância Contemporânea: Em nossa era pluralista e frequentemente secular, Hebreus lembra aos crentes a singularidade de Cristo e a natureza inabalável do reino que ele inaugura. Desafia os leitores a ancorarem sua identidade, esperança e perseverança em Jesus, que é o mesmo ontem, hoje e para sempre (Hb 13:8).

Valor Litúrgico e Devocional: Passagens como Hebreus 4:14-16 e 10:19-25 servem há muito tempo como fundamentos para a adoração cristã e a confiança espiritual. A epístola encoraja os fiéis a se aproximarem de Deus com ousadia, confiando na suficiência da intercessão de Cristo.

Ao longo deste livro, abordaremos Hebreus de forma crítica e pastoral — atentando tanto para seu contexto histórico quanto para sua voz duradoura para a igreja hoje. Ao explorar a estrutura, a teologia e as estratégias retóricas da carta, esperamos ouvir novamente seu chamado para "correr com perseverança a carreira que nos é proposta" (Hb 12.1). Hebreus não é meramente um sermão antigo para uma comunidade esquecida; é uma palavra viva que continua a desafiar, confortar e comissionar os seguidores de Jesus Cristo.

Capítulo 2
Contexto e contexto histórico

A Epístola aos Hebreus emerge de uma intersecção complexa e dinâmica de tradições religiosas, influências culturais e pressões sociopolíticas. Não se trata de um tratado teológico abstrato, mas de um documento profundamente contextual, moldado pelas realidades vividas por seu público — provavelmente um grupo de judeus cristãos ou gentios tementes a Deus, imersos na tradição judaica, mas enfrentando os desafios desorientadores da marginalização e da transformação religiosa. Para compreender os argumentos teológicos e as exortações pastorais de Hebreus, é preciso atentar cuidadosamente para a matriz multifacetada do judaísmo do Segundo Templo, das correntes intelectuais greco-romanas e das lutas identitárias do cristianismo primitivo.

No cerne de Hebreus reside um intrincado envolvimento com a gramática teológica do judaísmo do Segundo Templo. O templo de Jerusalém, com seu sacerdócio levítico e elaborado sistema de sacrifícios, fornecia não apenas a estrutura ritual para a adoração, mas também uma lente cosmológica e pactual através da qual os antigos judeus entendiam sua relação com Deus. O Dia da Expiação, como peça central litúrgica do calendário judaico, encapsulava a esperança de purificação, reconciliação e acesso divino. Hebreus apropria-se dessa imagem cultual com precisão teológica, reimaginando Jesus como o sumo sacerdote supremo, cuja auto-oferta supera as limitações da ordem levítica. Essa atitude não é alegórica nem desdenhosa; reflete uma profunda reconfiguração teológica na qual as categorias de sacrifício e sacerdócio são cumpridas – não abolidas – no ministério celestial de Cristo (cf. Hb 4-10).

Crucial para essa reinterpretação é o uso que Hebreus faz das Escrituras, particularmente da Septuaginta — a tradução grega da Bíblia hebraica. A confiança da epístola em textos como Salmo 110, Êxodo 25-28 e Jeremias 31 não se trata de uma prova textual, mas de uma estratégia hermenêutica para inserir Jesus na narrativa da aliança de Israel. Hebreus lê a história de Israel não como algo superado, mas como algo levado ao cumprimento escatológico em Cristo. A nova aliança não nega a antiga, mas concretiza suas promessas mais profundas. Jesus é apresentado não meramente como uma continuação da linha da aliança, mas como sua realização culminante — o Filho que media uma aliança superior, fundada em promessas superiores (Hb 8:6). Essa abordagem reflete um padrão cristão primitivo de interpretação tipológica, no qual elementos históricos e litúrgicos são vistos como sombras antecipatórias da obra definitiva de Cristo.

Além disso, a epístola está profundamente ciente das esperanças escatológicas que permeavam o judaísmo do primeiro século. A literatura apocalíptica do período — dos Manuscritos do Mar Morto a 1

Enoque — testemunha um anseio generalizado por intervenção divina, libertação messiânica e renovação cósmica. Hebreus dialoga com essa atmosfera de expectativa ao apresentar Jesus como o aguardado rei davídico e o sumo sacerdote escatológico que entrou no santuário celestial de uma vez por todas (Hb 9:11-12). Sua exaltação à direita de Deus não é simplesmente uma recompensa pela obediência, mas uma afirmação teológica da escatologia inaugurada: o futuro irrompeu no presente, e a realidade celestial agora define o verdadeiro locus da adoração.

Simultaneamente, a epístola reflete a sofisticação intelectual do mundo helenístico. Sua elegante prosa grega e coerência retórica sugerem um autor imerso na paideia greco-romana. Estudiosos notaram afinidades com o pensamento platônico médio, particularmente no contraste da epístola entre cópias temporais e terrenas e realidades eternas e celestiais (cf. Hb 8:5; 9:23). No entanto, Hebreus não capitula ao dualismo; em vez disso, adapta expressões filosóficas predominantes para reforçar uma visão teológica judaica. O tabernáculo celestial não é uma fuga da materialidade, mas o verdadeiro locus da presença divina, da qual o santuário terrestre era um símbolo divinamente ordenado. Dessa forma, Hebreus exemplifica a capacidade cristã primitiva de se envolver crítica e construtivamente com o discurso filosófico circundante.

O contexto sociopolítico de Hebreus ilumina ainda mais sua urgência. Embora a epístola não se refira explicitamente à perseguição imperial, ela testemunha uma comunidade vivenciando ostracismo, perda de propriedade e vergonha pública (Hb 10:32-34). Essa pressão provavelmente se originou de múltiplas frentes: separação da sinagoga, suspeita das autoridades romanas e distanciamento de antigas redes de apoio social e econômico. O teor pastoral da epístola — seus repetidos apelos à perseverança, suas advertências contra a apostasia e seu apelo ao próprio sofrimento de Cristo — sugere uma congregação à beira da fadiga espiritual. Hebreus responde não com triunfalismo, mas com uma teologia de perseverança enraizada na fidelidade de Jesus, o pioneiro e consumador da fé (Hb 12:2).

Nesse contexto, Hebreus também revela a natureza contestada e transitória da identidade cristã primitiva. As linhas divisórias entre judeus e seguidores de Cristo ainda não estavam claramente traçadas. De fato, muitos dos primeiros crentes teriam continuado a participar da vida na sinagoga, a observar os costumes judaicos e a se autoidentificar dentro da estrutura mais ampla da piedade judaica. Hebreus situa-se no limiar de um novo horizonte teológico. Afirma a história sagrada de Israel, ao mesmo tempo em que insiste que essa história atinge seu objetivo no Cristo ressuscitado. A afirmação de que a antiga aliança é "obsoleta" (Hb 8:13) deve ser entendida como uma declaração de cumprimento, e não de repúdio. O que é superado não é a verdade da história da aliança de Israel, mas suas formas provisórias e antecipatórias.

Essa transição teológica se estende à autocompreensão eclesial e litúrgica. Independentemente de o templo de Jerusalém ainda estar de pé ou ter caído recentemente, Hebreus desafia seus leitores a mudarem o foco dos rituais terrenos para a liturgia celestial inaugurada por Cristo. O acesso a Deus não é mais mediado pelos sacerdotes levíticos, mas pelo Filho exaltado, que intercede no verdadeiro santuário. Essa reorientação representa uma mudança monumental na conceituação de espaço sagrado, tempo sagrado e autoridade sacerdotal. Marca a transição de uma religião de formas herdadas para uma de realidade escatológica — uma mudança que definiria grande parte da teologia cristã subsequente.

Em conclusão, Hebreus é uma síntese magistral de tradição teológica, engajamento cultural e exortação pastoral. Ele se inspira nas fontes profundas da teologia da aliança judaica, utiliza os recursos conceituais da filosofia helenística e aborda as preocupações existenciais de uma comunidade sitiada. Seu chamado à fidelidade não é nostálgico nem escapista, mas enraizado na realidade duradoura do sacerdócio celestial de Cristo. Ao situar o evento de Cristo dentro do grande arco da história redentora e da realidade cósmica, Hebreus oferece uma visão convincente da identidade cristã — uma visão profundamente enraizada e radicalmente reorientada na pessoa e na obra de Jesus Cristo.

Capítulo 3
Autoria

A Epístola aos Hebreus é o único texto cristão primitivo substancial incluído no Novo Testamento cujo autor é inteiramente anônimo. Ao contrário das cartas de Paulo, ela começa sem saudação, sem assinatura pessoal e sem reivindicação direta de autoridade. No entanto, apesar desse silêncio, encontrou um lugar seguro no cânone cristão. Do século II até o presente, leitores têm debatido quem poderia ter escrito uma obra tão retoricamente polida, teologicamente profunda e escrituralmente rica. A questão da autoria, embora historicamente elusiva, não é incidental. Ela se cruza com questões mais amplas sobre autoridade, tradição e como a igreja primitiva discernia quais textos davam um testemunho duradouro do evangelho.

No final do século II, o nome de Paulo tornou-se intimamente associado a Hebreus, especialmente nos círculos alexandrinos. Alguns escritores, como Clemente de Alexandria, endossaram plenamente a autoria paulina e até sugeriram que Paulo havia omitido seu nome para evitar ofender os leitores judeus. Outros, como Orígenes, expressaram incerteza; outros ainda propuseram números completamente diferentes. No caso de Hebreus, sua inclusão precoce nas coleções gregas de cartas paulinas provavelmente contribuiu para seu reconhecimento e uso nas igrejas. Embora anônimo, Hebreus ganhou credibilidade em parte por sua proximidade com a tradição paulina, o que ajudou a ancorá-lo na autoridade apostólica e abriu caminho para sua eventual canonização.

A erudição moderna rejeita esmagadoramente a autoria paulina por motivos linguísticos e teológicos. O grego de Hebreus é mais elegante e literário do que a prosa frequentemente áspera de Paulo. A argumentação é altamente estruturada, o vocabulário distinto e as ênfases teológicas — particularmente o foco no sacerdócio celestial de Jesus — não têm paralelo nas cartas incontestáveis de Paulo. Além disso, o autor reconhece ter recebido o evangelho por meio de outros (Hb 2:3), uma afirmação que parece contradizer a insistência de Paulo em recebê-lo por revelação direta (Gl 1:12). Esses fatores, em conjunto, levaram estudiosos a buscar outros candidatos à autoria.

Várias propostas foram apresentadas, cada uma tentando explicar a sofisticação intelectual e a profundidade teológica da carta. Barnabé, um dos primeiros líderes cristãos e companheiro de Paulo, foi sugerido como uma possibilidade. Apolo, um eloquente alexandrino descrito em Atos como "poderoso nas Escrituras", continua sendo uma escolha popular, especialmente devido ao refinamento retórico da carta e ao rico uso do Antigo Testamento. Outros propuseram Lucas, observando algumas semelhanças estilísticas, ou Priscila, cuja proeminência na igreja primitiva e omissão na tradição da carta poderiam ser explicados por preconceitos de gênero. No entanto, nenhuma dessas teorias alcançou consenso generalizado.

Apesar de seu anonimato, Hebreus exerceu considerável influência na igreja primitiva. Sua representação de Cristo como Sumo Sacerdote, sua interpretação sofisticada das Escrituras e suas exortações à perseverança repercutiram nas comunidades cristãs que enfrentavam pressões sociais e teológicas. Se a autoria era incerta, o poder da teologia da carta não o era. Ainda assim, a associação de Hebreus com Paulo — por mais cautelosa que fosse — ajudou a posicioná-la dentro do cânone em desenvolvimento e lhe conferiu um prestígio apostólico que reforçou sua recepção.

No fim das contas, o anonimato de Hebreus serve para sublinhar a mensagem que proclama. A carta, como Melquisedeque, aparece sem genealogia, sua autoridade fundamentada não no nome de seu autor humano, mas na palavra transcendente que ela carrega. Hebreus convida seus leitores a desviar o foco das questões de proveniência para aquele em quem Deus falou plena e finalmente: Jesus Cristo, o Filho.

Capítulo 4
Público e Ocasião

Se a autoria é um dos mistérios duradouros de Hebreus, a identidade de seu público não é menos elusiva. A carta — ou sermão, como alguns a chamam — não oferece um endereço direto, uma localização específica e nenhum marcador histórico óbvio. No entanto, a epístola comunica com uma urgência pastoral inconfundível, dirigindo-se a uma comunidade sob pressão, em risco de deriva espiritual e necessitada de exortação para perseverar. Quem eram essas pessoas? E que circunstâncias provocaram uma resposta teológica e retórica tão constante?

A suposição mais comum é que a audiência era composta por cristãos judeus. O conteúdo de Hebreus corrobora essa afirmação: o profundo envolvimento com as Escrituras Hebraicas, a familiaridade com os rituais levíticos e as categorias da aliança, e o foco constante no sacerdócio, no sacrifício e no tabernáculo, apontam nessa direção. Mas "judeu cristão" é um rótulo amplo e contestado. Pode se referir a crentes etnicamente judeus em Jesus, a gentios que participam de comunidades judaico-cristãs ou a cristãos profundamente enraizados nas Escrituras de Israel e na imaginação cultural. Hebreus nunca usa a palavra "judeu", e seu argumento é construído não em termos étnicos, mas teológicos. É melhor, então, pensar na audiência como um grupo de seguidores de Cristo imersos no mundo simbólico e escriturístico do judaísmo do Segundo Templo — seja por nascimento, associação ou educação.

A situação social do público pode ser inferida a partir de várias pistas no texto. Hebreus 10:32-34 refere-se a um "tempo passado", quando a comunidade sofreu perseguição, humilhação pública e o saque de seus bens. Esses eventos parecem estar no passado, mas sua memória ainda informa o presente. A carta alerta repetidamente contra a apostasia e exorta os leitores a "se apegarem" (4:14; 10:23). Isso sugere não apenas pressão externa, mas fadiga interna. O problema pode não ser uma rejeição aberta a Cristo, mas uma erosão gradual da fé, talvez devido ao cansaço, à desilusão ou ao isolamento social.

Alguns estudiosos especularam que o público estava enfrentando a tentação de retornar ao judaísmo ou de buscar abrigo em formas religiosas mais socialmente aceitáveis. Essa leitura, embora plausível, corre o risco de simplificar demais tanto o judaísmo quanto o cristianismo primitivo. A ideia de "retornar" pressupõe uma linha clara de partida, quando, na verdade, muitos dos primeiros crentes podem ter se visto como permanecendo dentro dos limites da vida da aliança judaica, mesmo seguindo Jesus como Messias. O autor de Hebreus não acusa o público de abandonar o judaísmo, mas, em vez disso, os convoca a ver que as promessas das Escrituras foram cumpridas em Cristo. A preocupação não é a identidade religiosa em si, mas a fidelidade à palavra revelada de Deus no Filho.

O cenário geográfico do público permanece incerto. Roma é uma possibilidade importante, em parte com base na menção de "os da Itália" na saudação final (13:24). A igreja romana do primeiro século incluía membros judeus e gentios e experimentou tensões periódicas, bem como o escrutínio imperial, especialmente sob Cláudio e Nero. Um contexto romano poderia explicar tanto as alusões à perseguição quanto o estilo retórico culto da carta. Outros propuseram Jerusalém, Alexandria ou uma comunidade da diáspora na Ásia Menor, mas nenhuma localização se encaixa definitivamente. Em última análise, as preocupações da epístola não estão vinculadas a uma situação local, mas ressoam com a condição mais ampla das primeiras comunidades cristãs que negociavam identidade, sofrimento e esperança.

O que motivou a carta? A maioria dos intérpretes concorda que a comunidade não estava em rebelião aberta, mas em perigo de negligência passiva — o que Hebreus chama de "desvio" (2:1) ou desenvolvimento de "preguiça" (5:11). As advertências recorrentes contra a apostasia são severas, mas funcionam como parte de uma estratégia pastoral: não condenação, mas provocação à perseverança. O ritmo retórico da carta alterna entre exposição teológica e exortação, criando um padrão projetado para despertar a memória, reacender a esperança e reancorar a fé. O autor, quem quer que tenha sido, escreve não como um teólogo imparcial, mas como um pregador e pastor profundamente empenhado na perseverança espiritual dos ouvintes.

Hebreus fala a uma comunidade em uma encruzilhada — não apenas doutrinariamente, mas existencialmente. Perseverarão ou recuarão? Responderão à palavra de Deus proferida "nestes últimos dias" no Filho, ou se desviarão para a indiferença? A preocupação da carta não é meramente com a crença correta, mas com a perseverança da esperança e a constância da obediência. Sua visão de Cristo entronizado, intercedendo e retornando torna-se tanto a âncora quanto a motivação para continuar na fé.

Embora sua identidade precisa possa permanecer desconhecida, o público de Hebreus emerge como uma comunidade muito semelhante à igreja em muitos tempos e lugares: desanimado, tentado, espiritualmente exausto e necessitado de uma visão renovada de quem Jesus é e por que ele importa. A ocasião para a carta, então, é nada menos do que a persistente luta humana para permanecer fiel em um mundo que pressiona por concessões. Hebreus aborda essa luta não minimizando-a, mas elevando o olhar dos cansados para uma promessa melhor, um sacerdote melhor e uma esperança melhor.

Capítulo 5
Estrutura, Gênero e Retórica

Poucos escritos do Novo Testamento são tão retoricamente polidos e estruturalmente complexos quanto Hebreus. Sua cuidadosa progressão de pensamento, sua trama de exposição e exortação bíblica e seu elevado estilo literário o distinguem de outras epístolas. Mas essas mesmas características dificultam sua classificação. Hebreus é uma carta? Um tratado teológico? Um sermão? A questão do gênero é mais do que um exercício acadêmico; ela molda a forma como lemos a obra e compreendemos seu propósito.

Embora termine com convenções epistolares — uma referência a Timóteo, uma saudação final e uma bênção —, a maior parte de Hebreus carece da estrutura inicial de uma carta greco-romana típica. Não há remetente ou destinatário identificados, nem ação de graças ou oração, nem bênção inicial. Essas omissões levaram muitos estudiosos a argumentar que Hebreus não é realmente uma carta, mas algo mais próximo de uma homilia ou sermão. De fato, o autor se refere a ela como uma "palavra de exortação" (13:22), uma expressão usada em outras partes do Novo Testamento para descrever a pregação pública (cf. Atos 13:15).

Isso levou à visão generalizada de que Hebreus é melhor lido como um sermão escrito — uma peça de retórica oral posteriormente traduzida em forma literária. Sua estrutura corrobora essa leitura: em vez de uma série de ensinamentos vagamente conectados, Hebreus desenvolve um argumento unificado e progressivo. A exposição teológica se desenvolve de forma constante — da exaltação do Filho no capítulo 1 ao chamado à perseverança diante do sofrimento no capítulo 12 — intercalada com passagens de advertência estrategicamente posicionadas. Essas mudanças retóricas, da exposição à exortação, funcionam de forma muito semelhante às reviravoltas de um sermão bem elaborado: teologia a serviço da formação.

Um dos desenvolvimentos mais convincentes na pesquisa acadêmica recente veio de Gabriella Gelardini, que argumentou que Hebreus deveria ser entendido como uma homilia na sinagoga, possivelmente pregada no nono dia de Av (*Tisha B'Av*) — o dia anual de luto no calendário judaico que comemorava a destruição do templo. Nessa leitura, toda a estrutura e ênfase teológica de Hebreus se articulam em torno dos temas da perda do templo, da ruptura da aliança e da esperança da restauração divina.

O argumento de Gelardini baseia-se em várias observações. Primeiro, o texto se preocupa profundamente com o tabernáculo, o sacerdócio e o sistema sacrificial — não em termos abstratos, mas como instituições agora superadas e consumadas. Segundo, a função retórica de Hebreus espelha a das homilias judaicas posteriores a 70, que buscavam interpretar o significado da destruição do templo em termos teológicos. Sob essa luz, a exposição de Hebreus de um santuário celestial e de um sacerdócio superior em Cristo pode refletir um esforço para reformular a perda do templo não como uma tragédia, mas como uma transição teológica.

Ler Hebreus como uma homilia de Tisha B 'Av também lança nova luz sobre seu tom e urgência. O texto não explica simplesmente o sacerdócio de Cristo; lamenta o que foi perdido e anuncia o que agora foi inaugurado. Suas advertências não são construções teológicas abstratas, mas parte de uma estratégia litúrgica projetada para despertar a memória e convocar a perseverança. A proposta de Gelardini não descarta a autoria ou o público cristão; em vez disso, reconhece até que ponto Hebreus está inserido em um mundo retórico e homilético judaico, empregando as estruturas e convenções da pregação na sinagoga para proclamar Jesus como o ápice da história de Israel.

De forma mais ampla, Hebreus também reflete a influência da retórica greco-romana, particularmente no uso de síncrise (comparação), entimema (argumento implícito) e amplificação. O contraste entre o terreno e o celestial, o antigo e o novo, a sombra e a realidade — estes não são meros contrastes teológicos, mas sim recursos retóricos cuidadosamente elaborados. O autor não está apenas informando o público, mas persuadindo-o, movendo-o emocional e intelectualmente em direção a uma convicção renovada.

A estrutura geral de Hebreus permanece objeto de debate, mas a maioria dos intérpretes concorda que o argumento se desenvolve em camadas concêntricas, com temas teológicos centrais introduzidos, expandidos e revisitados à luz da exortação. Em vez de uma sequência linear de tópicos, a estrutura assemelha-se a uma espiral homilética, com cada volta retornando às reivindicações centrais: a superioridade de Cristo, o cumprimento das Escrituras e a necessidade da perseverança.

Chamar Hebreus de sermão, portanto, não significa diminuir sua profundidade teológica, mas reconhecer sua função litúrgica. É teologia proferida com urgência pastoral, escritura interpretada em prol da perseverança e retórica elaborada para a transformação de seus ouvintes. Seja pregado em uma sinagoga ou escrito para uma igreja doméstica, Hebreus busca não apenas informar, mas também despertar, exortar e sustentar. Seu gênero é moldado por seu objetivo: manter os fiéis cansados, mostrando-lhes a glória de Cristo.

Capítulo 6
Temas Teológicos
e o Uso do Antigo Testamento

Poucos escritos no Novo Testamento rivalizam com Hebreus em ambição teológica. Com elevadas reivindicações cristológicas, uma visão reimaginada da aliança e do culto, e uma exortação constante à perseverança, Hebreus funciona tanto como instrução doutrinária quanto como exortação pastoral. Mas sua teologia não surge abstratamente; ela é forjada através das Escrituras. O Antigo Testamento não é meramente citado em Hebreus — ele é habitado, interpretado e cumprido. A teologia em Hebreus é sempre teologia escritural, moldada pela lente de Cristo.

No centro de Hebreus está uma cristologia majestosa. O Filho é "o resplendor da glória de Deus e a expressão exata do seu ser" (1:3), exaltado acima dos anjos, entronizado à direita de Deus e declarado Rei e Sacerdote. Nenhum outro texto do Novo Testamento se baseia tão direta e sistematicamente nas dimensões real e sacerdotal da identidade de Jesus. Cristo não é apenas a palavra final da revelação de Deus, mas também aquele que media entre Deus e a humanidade. Ele é o sumo sacerdote fiel que atravessou os céus, o Filho aperfeiçoado pelo sofrimento, o fiador de uma aliança superior. O argumento não é apenas ontológico — quem Jesus é —, mas também vocacional — o que Jesus faz: interceder, purificar, reinar.

Esta cristologia é inseparável da descrição que Hebreus faz da aliança e do culto. A carta contrasta a antiga e a nova aliança não para menosprezar a primeira, mas para mostrar o seu cumprimento. O tabernáculo, o sistema sacrificial, o sacerdócio levítico — todos serviam como sombras ou antecipações das realidades celestiais agora inauguradas por meio de Cristo. A alegação central não é que as instituições de Israel eram defeituosas, mas que eram preparatórias. A nova aliança, introduzida por meio da citação de Jeremias 31 (Hb 8:8-12), traz transformação interna e acesso direto a Deus. Cristo, tendo entrado no santuário celestial "de uma vez por todas", realizou o que os sacrifícios repetitivos da antiga ordem não conseguiram: a expiação plena e final.

Intimamente ligada a essa teologia da aliança está a visão de salvação e perseverança de Hebreus. A salvação não se reduz a um evento ou momento singular de crença; é um processo dinâmico fundamentado na obra sacerdotal de Cristo e que se estende pela resposta fiel do crente. Hebreus alerta repetidamente contra o perigo de "apostasia" e exorta seu público a "apegar-se" à sua confissão. Fé não é meramente assentimento cognitivo, mas confiança perseverante. Isso talvez seja articulado de forma mais memorável em Hebreus 11, onde o autor examina o passado de Israel como uma galeria de perseverança fiel: de Abel a Moisés, de Raabe a mártires anônimos, a fé é a linha mestra da história da salvação.

Permeia tudo isso o uso característico do Antigo Testamento em Hebreus. Nenhum texto do Novo Testamento cita as Escrituras com mais densidade ou constrói sua argumentação de forma mais completa com base na interpretação das escrituras. O texto se apoia fortemente na Septuaginta grega, frequentemente citando passagens de maneiras que diferem da tradição massorética hebraica. Não se trata de um empréstimo casual de textos de prova, mas de uma estratégia de leitura teologicamente orientada. Hebreus trata os Salmos, a Torá e os Profetas não como textos estáticos, mas como oráculos vivos — palavras proferidas não apenas no passado, mas também no presente e, em última análise, pelo próprio Deus.

Talvez o mais impressionante seja a maneira como Hebreus utiliza o Salmo 110, que se encontra no centro do argumento teológico da carta. O Salmo 110:1 ("Senta-te à minha direita, até que eu ponha os teus inimigos por escabelo dos teus pés") foi amplamente citado nos primeiros escritos cristãos para afirmar a exaltação de Cristo, mas somente Hebreus, entre os textos do Novo Testamento, faz uso extensivo do Salmo 110:4: "Tu és sacerdote para sempre, segundo a ordem de Melquisedeque". Esses dois versículos formam a dupla espinha dorsal do retrato de Cristo em Hebreus: Filho entronizado e Sumo Sacerdote eterno. O Salmo 110:1 fundamenta a sessão celestial de Jesus — sua exaltação e reinado à direita de Deus — enquanto o Salmo 110:4 estabelece o fundamento tipológico para um sacerdócio não levítico, enraizado não na genealogia, mas na nomeação divina. Ao conectar esses dois versículos, Hebreus constrói uma cristologia singularmente sacerdotal-real que molda toda a carta. O Filho não está apenas reinando, mas intercedendo, não apenas glorificado, mas mediando uma aliança melhor por meio de sua própria auto-oferta.

Talvez ainda mais notável seja o fato de Deus ser consistentemente retratado como o orador das Escrituras. Quer o texto cite Davi, Moisés ou os profetas, Hebreus atribui suas palavras a Deus ou ao Espírito Santo: "como diz o Espírito Santo..." (3:7). A Escritura não é tratada como um artefato histórico, mas como a voz viva e divina. Isso reflete a afirmação inicial da carta — que Deus falou "muitas vezes e de muitas maneiras" por meio dos profetas, mas agora definitivamente "no Filho" (1:1-2). A continuidade entre as antigas e as novas revelações não é quebrada, mas sim cumprida.

Dessa forma, Hebreus oferece uma hermenêutica distinta: Cristo é a chave para a leitura das Escrituras, e as Escrituras são o meio para compreender Cristo. A tipologia — especialmente o padrão de promessa e cumprimento — rege grande parte da interpretação. O tabernáculo é um tipo do santuário celestial; o sacerdócio, um prenúncio da intercessão de Cristo; a geração do deserto, um espelho do momento precário da própria comunidade. O objetivo não é abandonar as Escrituras de Hebreus, mas vê-las com novos olhos, reorientadas em torno da realidade para a qual apontam.

Teologicamente rico e textualmente saturado, Hebreus modela uma forma de interpretação bíblica reverente e radical. Convoca seus leitores à fé não com base na novidade, mas na realização; não pela inovação, mas pela realização. Sua visão é de continuidade transformada: as promessas aos antepassados não foram revogadas — elas se concretizaram em um sacerdote melhor, uma aliança melhor e uma esperança melhor.

Capítulo 7
A Palavra Climática de Deus
O Filho Superior aos Anjos
(Hebreus 1:1–2:4)

O movimento inicial de Hebreus não começa com um argumento, mas com uma proclamação. Não há saudação, nem ação de graças, nem menção ao autor ou aos destinatários. Em vez disso, a epístola começa como um sermão: "Há muito tempo, Deus falou aos nossos antepassados muitas e muitas vezes, por meio dos profetas, mas nestes últimos dias falou-nos por meio do Filho" (1:1-2). O contraste não é entre revelação falsa e verdadeira, mas entre parcial e final. O Deus que falou é o mesmo; o que mudou foi a clareza, a plenitude e a ação daquele discurso.

Esta frase inicial define a trajetória teológica de toda a epístola. A revelação não é abstrata nem proposicional — é pessoal. Deus falou "por meio de um Filho", que é então descrito em um crescendo sétuplo: herdeiro de todas as coisas, agente da criação, resplendor da glória de Deus, impressão exata do ser de Deus, sustentador de todas as coisas, aquele que fez a purificação dos pecados e aquele que agora está sentado à direita de Deus. Nestes poucos versículos, o autor reúne cosmologia, cristologia, expiação e entronização.

O Filho não é simplesmente mais um profeta; ele é o objetivo e o agente de tudo o que Deus fez.

O que se segue em 1:5-14 é uma série cuidadosamente estruturada de citações bíblicas, todas extraídas da Septuaginta e organizadas para sustentar a superioridade do Filho em relação aos anjos. O uso de catenae — cadeias de Escrituras — era uma técnica comum na pregação judaica e, aqui, cumpre tanto uma função teológica quanto retórica. O Filho é descrito em contraste com os anjos não porque o público fosse necessariamente tentado a adorá-los, mas porque a exaltação do Filho deve ser fundamentada nas Escrituras, e os anjos fornecem um ponto de contraste adequado. Eles são mensageiros honrados; o Filho é o Rei entronizado.

Vários dos textos citados são salmos reais, reinterpretados à luz da identidade de Jesus. Salmo 2:7 ("Tu és meu Filho; hoje te gerei") e 2 Samuel 7:14 ("Eu lhe serei pai, e ele me será filho") ancoram o tema da Filiação na tradição davídica. Salmo 45:6-7 e Salmo 102:25-27 são aplicados ao Filho para sublinhar seu status divino, seu governo eterno e seu papel na criação. Essas citações não são exploradas em busca de textos comprobatórios, mas cuidadosamente organizadas para retratar o Filho como divino, eterno, soberano e único — separado até mesmo das hostes celestiais.

O clímax vem na citação final do capítulo, Salmo 110:1: "Senta-te à minha direita, até que eu faça dos teus inimigos um escabelo para os teus pés". Este versículo, como observado no capítulo anterior, foi amplamente citado no cristianismo primitivo e é fundamental para

Hebreus. Ele afirma não apenas a exaltação de Cristo, mas também a sua entronização, fundamentando teologicamente a afirmação de que Jesus agora reina com Deus, tendo completado a obra sacerdotal de purificação. Embora Hebreus não explore a dimensão sacerdotal dessa entronização até capítulos posteriores, as sementes são semeadas aqui.

O capítulo 2 abre com uma mudança de tom. A elevada exposição cristológica dá lugar à primeira de várias advertências em Hebreus. "Portanto, é necessário que prestemos mais atenção ao que ouvimos, para que não nos desviemos" (2:1). O perigo não é a rebelião ativa, mas a negligência passiva. Assim como Israel outrora deixou de dar ouvidos à palavra falada por meio dos anjos (uma referência à tradição de que a lei era mediada por anjos), a comunidade agora enfrenta o perigo de deixar de dar ouvidos à palavra falada por meio do Filho.

Esta advertência é emoldurada não apenas pelo medo do julgamento, mas pelo peso da validação divina do Evangelho. A mensagem foi declarada pelo Senhor, atestada por testemunhas oculares e confirmada por Deus por meio de "sinais, prodígios e vários milagres, e por dons do Espírito Santo" (2:3-4). Dessa forma, a experiência carismática da comunidade primitiva torna-se parte do apelo teológico. O passado não deve ser esquecido; ele é a evidência de que Deus falou decisivamente, e negligenciar essa palavra é correr o risco de perder tudo.

Esta primeira grande seção de Hebreus estabelece, portanto, tanto a identidade do Filho quanto a urgência da fé. Aquele que agora reina não é um mero mestre ou mensageiro, mas a imagem radiante de Deus e o herdeiro de todas as coisas. As Escrituras testificam de sua posição exaltada, e a experiência da igreja confirma a mensagem. A resposta adequada não é especulação, mas atenção — não distração, mas perseverança. A grandeza do Filho não é um ornamento teológico; é a base para a fidelidade em um mundo difícil.

Excursus: Salmo 110:1 no Cristianismo Primitivo

O Salmo 110:1 — "Disse o Senhor ao meu Senhor: Senta-te à minha direita, até que eu ponha os teus inimigos por escabelo dos teus pés" — surge como um dos textos do Antigo Testamento mais citados e teologicamente significativos no Novo Testamento. Sua aparição em Hebreus 1:13, concluindo uma majestosa cadeia de citações bíblicas que exaltam o Filho acima dos anjos, reflete um padrão cristão primitivo mais amplo: o Salmo 110:1 foi central para a maneira como a igreja primitiva articulava a identidade e a exaltação de Jesus.

Em seu contexto original, o Salmo 110 era provavelmente um salmo real, possivelmente composto para uma cerimônia de coroação ou entronização. O salmista (talvez Davi) visualiza uma declaração divina ao rei recém-empossado, dirigida com o título exaltado de "meu Senhor". A imagem de sentar-se à direita de Deus transmitia uma posição de suprema honra, autoridade e soberania delegada. O versículo também promete vitória divina sobre os inimigos do rei, sugerindo uma esperança voltada para o futuro no poder e na segurança do trono davídico.

Os primeiros cristãos, particularmente aqueles imersos na Septuaginta (LXX), reconheceram no Salmo 110:1 uma prefiguração profética da ressurreição e exaltação de Jesus. O apelo do texto residia não apenas em seus temas reais, mas também na multiplicidade implícita de pessoas divinas: " Disse o Senhor ao meu Senhor". O próprio Jesus fez referência famosa ao versículo em seus debates com líderes religiosos (Marcos 12:35-37; cf. Mateus 22:41-46; Lucas 20:41-44), desafiando a compreensão convencional do Messias como meramente filho de Davi. Para Jesus e a igreja primitiva, o Salmo 110:1 sugeria uma figura messiânica maior que Davi — alguém que compartilha da autoridade divina.

O versículo tornou-se fundamental na pregação apostólica. Pedro o cita em seu sermão de Pentecostes em Atos 2:34-35, usando-o para declarar que Deus fez de Jesus "Senhor e Cristo". Paulo faz alusão aos seus temas de entronização e subjugação em 1 Coríntios 15:25 e Efésios 1:20-22. A imagem de Jesus sentado à direita de Deus tornou-se uma afirmação central na confissão e nos credos da igreja primitiva, enfatizando tanto o triunfo da ressurreição quanto o reinado celestial contínuo de Cristo.

Hebreus adota essa tradição, mas a intensifica. Ao colocar o Salmo 110:1 no clímax de uma série de declarações exaltadas sobre o Filho (Hb 1:13), o autor sinaliza que a entronização de Cristo não é meramente honorária — é ontológica. Jesus não é apenas o rei messiânico exaltado, mas o Filho divino que compartilha da própria natureza de Deus (Hb 1:3). A citação prepara o cenário para o uso posterior do Salmo 110:4, que introduz o sacerdócio singular de Cristo "segundo a ordem de Melquisedeque". Juntos, os Salmos 110:1 e 110:4 formam a espinha dorsal da cristologia sacerdotal-real de Hebreus.

O uso generalizado e duradouro do Salmo 110:1 no cristianismo primitivo ressalta seu poder teológico. Permitiu à igreja articular a exaltação de Jesus em continuidade com as Escrituras de Israel, falar de seu senhorio atual e de sua ascensão celestial, e antecipar sua vitória final sobre todos os poderes. Em Hebreus, assim como no Novo Testamento em geral, o Salmo 110:1 não é simplesmente um texto de prova, mas uma pedra angular para a compreensão de quem Jesus é e onde ele reina agora.

Capítulo 8
Um Sumo Sacerdote Fiel e Misericordioso
(Hebreus 2:5-4:13)

Tendo exaltado o Filho acima dos anjos, o autor de Hebreus agora se volta para o que inicialmente parece uma inversão: a identificação do Filho com a humanidade no sofrimento e na morte. Mas isso não é contradição. A própria exaltação do Filho depende de sua solidariedade com aqueles que veio salvar. Não é apesar de sua humanidade, mas por meio dela, que ele se torna "um sumo sacerdote misericordioso e fiel" (2:17). Hebreus 2:5-4:13 começa a lançar as bases teológicas para esse sacerdócio — um tema que dominará os capítulos seguintes.

A seção abre com uma citação do Salmo 8, um hino que celebra a honra concedida à humanidade na criação. "Que é o homem, para que te lembres dele...?" (2:6). Em seu contexto original, o Salmo 8 reflete sobre a fragilidade humana e a generosidade divina. Hebreus, no entanto, lê o salmo cristologicamente. O assunto não é a humanidade em geral, mas o Filho, que por um pouco foi "menor que os anjos" e agora "coroado de glória e honra por causa do sofrimento da morte" (2:9). Essa releitura é tipológica: Jesus, como o humano representativo, cumpre a vocação descrita no salmo —

governar o mundo, não evitando o sofrimento, mas entrando nele plenamente.

Este tema de solidariedade através do sofrimento continua pelo restante do capítulo 2. A encarnação é descrita não simplesmente como um evento metafísico, mas como um ato de identificação redentora. "Visto que os filhos têm em comum a carne e o sangue, ele também, semelhantemente, participou das mesmas coisas" (2:14). O Filho tornou-se semelhante a seus irmãos e irmãs "em tudo" para que pudesse destruir o poder da morte e libertar aqueles escravizados pelo medo. Crucialmente, isso não é incidental à sua missão, mas essencial: ele teve que se tornar semelhante a eles para representá-los diante de Deus. O sacerdócio aqui não é definido institucionalmente, mas relacionalmente. Ele surge da experiência compartilhada, não da linhagem tribal.

A transição para o capítulo 3 marca uma nova etapa no argumento, mas a lógica continua. O público é agora abordado diretamente como "santos participantes da vocação celestial" (3:1), convidados a "considerar Jesus, o apóstolo e sumo sacerdote da nossa confissão". A palavra *apóstolo* — usada exclusivamente aqui no Novo Testamento — enfatiza o papel de Jesus como enviado por Deus, enquanto *sumo sacerdote* ancorará as próximas seções principais da epístola. A comparação que se segue, entre Jesus e Moisés, destaca tanto a continuidade quanto o contraste. Moisés foi fiel "em toda a sua casa" como servo; Jesus é fiel como Filho sobre a casa. A imagem evoca não competição, mas sucessão — Jesus realiza o que Moisés antecipou.

Neste ponto, a carta toma um rumo exortativo e severo. Baseando-se no Salmo 95, o autor alerta o público a não endurecer o coração como a geração do deserto. O foco teológico não mudou; intensificou-se. O contraste não é mais apenas entre Jesus e os anjos ou Moisés, mas entre a resposta fiel e a infiel. A geração que pereceu no deserto havia recebido as promessas e visto as obras de Deus, mas não conseguiu entrar no "descanso" de Deus por causa da incredulidade.

Este tema de "descanso" torna-se um motivo-chave no capítulo 4. A promessa ainda se mantém, insiste o autor, e o povo de Deus continua sendo convidado a entrar nela. Mas a entrada não é automática. Requer atenção, perseverança e fé. Assim como a Palavra chegou a Israel no passado, agora ela chega ao público de Hebreus — e exige resposta. Hebreus 4:12-13 oferece uma conclusão séria: "De fato, a palavra de Deus é viva e eficaz... apta para discernir os pensamentos e intenções do coração." A fala de Deus não é seguramente externa; ela penetra no âmago da pessoa humana e revela o que realmente está ali.

Nesta seção, começamos a ver como o sacerdócio de Cristo emerge não da distância, mas da proximidade. Ele não está alheio à fraqueza humana, mas a experimentou – sofrimento, tentação, mortalidade. Essa experiência compartilhada dá profundidade à sua intercessão e autenticidade à sua defesa. O sumo sacerdote de Hebreus não é a figura idealizada de um ritual de culto distante, mas o Filho encarnado, sofredor e exaltado que sabe o que é ser humano. A lógica pastoral é clara: se é Ele quem nos representa diante de Deus, então podemos nos aproximar com confiança.

Excursus: A "Palavra de Deus" em Hebreus

Entre os muitos temas teológicos permeados pela Epístola aos Hebreus, poucos são tão ricos e multifacetados quanto sua representação da "palavra de Deus". Ao contrário de alguns textos do Novo Testamento, onde a expressão pode se referir estritamente às Escrituras escritas ou à pregação apostólica, Hebreus emprega o conceito de forma mais dinâmica e abrangente. Em Hebreus, a palavra de Deus é viva, ativa, divina e pessoal — é a autocomunicação de Deus que tanto revela quanto realiza os propósitos divinos.

A epístola abre com uma elevada afirmação cristológica que também é uma declaração sobre a fala divina: "Muitas vezes e de muitas maneiras Deus falou aos nossos antepassados por meio dos profetas, mas nestes últimos dias falou-nos por meio do Filho..." (Hb 1:1-2). Aqui, a "palavra" não é meramente proposicional ou textual, mas encarnacional. O próprio Jesus é a palavra suprema de Deus — o ato culminante da revelação. Isso define o tom para a compreensão de Hebreus sobre a comunicação divina: a palavra de Deus não é estática; ela culmina em uma pessoa que incorpora e cumpre tudo o que foi dito anteriormente.

No entanto, Hebreus também continua a falar da "palavra de Deus" de maneiras que incluem as Escrituras, a exortação e a ação divina. Hebreus 3:7 introduz uma citação do Salmo 95 com a fórmula:

"Como diz o Espírito Santo", sinalizando que a Escritura continua sendo uma voz divina ativa. Este não é meramente um registro do que Deus disse uma vez, mas uma expressão do que Deus ainda está dizendo por meio do Espírito. As Escrituras, para Hebreus, não são artefatos históricos; são um meio vivo da fala divina que se dirige à comunidade atual.

Esse mesmo dinamismo aparece em um dos versículos mais citados de Hebreus: "A palavra de Deus é viva e eficaz, mais cortante do que qualquer espada de dois gumes, e penetra até a divisão da alma e do espírito... e discerne os pensamentos e intenções do coração" (Hb 4:12). Aqui, a palavra de Deus funciona quase como um agente de julgamento, penetrando a consciência humana e expondo o que está oculto. A descrição sugere não apenas o poder convincente das Escrituras, mas também o discurso divino mais amplo que confronta a comunidade com a verdade e exige uma resposta. Também reforça que a palavra de Deus é inseparável da presença de Deus — poderosa, penetrante e inescapável.

A conexão entre a palavra e a aliança também se torna evidente em Hebreus 8. Ao citar Jeremias 31:31-34 extensamente, o autor destaca uma nova aliança definida pela instrução divina internalizada: "Porei as minhas leis no seu entendimento e as escreverei no seu coração" (Hb 8:10). Em contraste com as leis escritas, mediadas externamente por Moisés, a nova aliança envolve a palavra de Deus escrita diretamente no coração. Essa internalização representa um movimento do mandamento para a transformação — da obrigação para o relacionamento. A palavra de Deus, nessa nova estrutura de aliança, não é apenas um padrão, mas um poder implantado que possibilita a obediência e a intimidade com Deus.

Assim, ao longo de Hebreus, a palavra de Deus funciona de várias maneiras inter-relacionadas:

Como Revelação: Deus falou plena e finalmente no Filho, Jesus Cristo (1:1-2).

Como Escritura: O Espírito continua a falar através das Escrituras de Israel, agora interpretadas à luz de Cristo (3:7; 4:7; 10:15).

Como Poder: A palavra é ativa, perspicaz e capaz de cortar o coração (4:12).

Como Aliança: As leis de Deus são escritas nos corações dos crentes como parte da nova aliança, significando transformação interna (8:10).

Esses usos resistem à compartimentalização. Em vez disso, Hebreus apresenta uma visão unificada na qual a palavra de Deus é coerente com a pessoa de Cristo, o testemunho das Escrituras e a obra interior do Espírito. Não é surpreendente, então, que a própria epístola — às vezes chamada de "palavra de exortação" (13:22) — participe desse discurso divino. Como sermão ou homilia, Hebreus fala não apenas sobre a palavra de Deus, mas também como um meio pelo qual ela continua a ser ouvida.

Sob essa luz, encontrar a Palavra de Deus em Hebreus não é meramente receber informação ou instrução, mas estar diante de um Deus que fala, discerne e transforma. A comunidade é chamada não apenas a ouvir passivamente, mas a responder com obediência, perseverança e admiração.

Capítulo 9
Um padre para sempre
(Hebreus 4:14–7:28)

A breve referência a Jesus como sumo sacerdote nos capítulos anteriores agora se expande para o tema teológico central de Hebreus: o sacerdócio eterno de Cristo. A partir de 4:14, o autor de Hebreus convida o público a se aproximar de Deus, não por meio do medo ou da mediação ritual, mas pela graciosa intercessão de um sumo sacerdote, exaltado e empático. Esse sacerdócio não é herdado por descendência levítica, mas estabelecido por juramento divino — "segundo a ordem de Melquisedeque". Hebreus 4:14–7:28 é a meditação teológica sustentada que desvenda o significado disso.

A seção abre com uma exortação: "Apeguemo-nos firmemente à nossa confissão" (4:14). Esse chamado se fundamenta na identidade de Jesus como "um grande sumo sacerdote que penetrou os céus". Diferentemente dos sacerdotes levíticos que ministravam em um santuário terrestre, Jesus entrou no celestial. Contudo, sua exaltação não o distancia da experiência humana. Pelo contrário, "não temos um sumo sacerdote que não possa compadecer-se das nossas fraquezas", pois ele foi provado em todos os aspectos, "mas sem pecado" (4:15). O sacerdócio de Cristo reúne transcendência e compaixão, exaltação e solidariedade. Como resultado, os crentes são convidados a se aproximarem do trono da graça com ousadia.

O capítulo 5 desenvolve ainda mais o conceito de sacerdócio, primeiro articulando as qualificações de um sumo sacerdote: escolhido dentre o povo, designado para representá-lo perante Deus e capaz de lidar com mansidão com os ignorantes e rebeldes. O autor então aplica esses critérios a Cristo, observando que ele "não se glorificou a si mesmo" para se tornar sacerdote, mas foi designado por Deus. Duas citações bíblicas confirmam isso: Salmo 2:7 ("Tu és meu Filho...") e Salmo 110:4 ("Tu és sacerdote para sempre, segundo a ordem de Melquisedeque"). Esses versículos juntos estabelecem tanto a filiação divina quanto a nomeação divina — pilares fundamentais da cristologia de Hebreus.

Mas como Melquisedeque atua nesse argumento? Mencionado apenas brevemente em Gênesis 14 como rei de Salém e sacerdote do Deus Altíssimo, Melquisedeque abençoa Abrão e recebe dízimos dele. O Salmo 110 posteriormente o menciona como o modelo para um sacerdócio eterno. Hebreus extrai as implicações teológicas dessa figura obscura: Melquisedeque aparece sem genealogia, sem registro de começo ou fim, tornando-o um tipo adequado do Cristo eterno. Ele é rei e sacerdote, combinando dois papéis que normalmente eram separados na tradição israelita. Ao vincular Jesus a Melquisedeque em vez de Levi ou Arão, Hebreus abre espaço para um sacerdócio não levítico, não hereditário e superior.

O capítulo 7 é dedicado quase inteiramente a Melquisedeque e às implicações de seu sacerdócio. O argumento se baseia em tipologia: Melquisedeque é "feito semelhante ao Filho de Deus ", e não o contrário. Seu sacerdócio é anterior e superior ao levítico, pois até Abraão, ancestral de Levi, lhe ofereceu dízimos e recebeu dele uma bênção. Na lógica de Hebreus, o maior abençoa o menor. Portanto, se a perfeição tivesse vindo por meio do sacerdócio levítico, "que necessidade ainda haveria de se falar de outro sacerdote... segundo a ordem de Melquisedeque?" (7:11).

O contraste torna-se mais nítido à medida que o capítulo avança. O sacerdócio levítico baseava-se em requisitos legais e na descendência física; o sacerdócio de Cristo baseia-se no poder de uma vida indestrutível. O primeiro envolvia muitos sacerdotes, sujeitos à morte e à sucessão; o segundo é mantido permanentemente por alguém que "vive sempre para interceder" (7:25). Os sacerdotes levíticos ofereciam sacrifícios repetidamente; Cristo se oferece uma vez por todas. O efeito cumulativo é apresentar Jesus como o sumo sacerdote final e perfeito, cujo sacerdócio não depende de ancestralidade, mas de nomeação divina e eficácia eterna.

Hebreus 7:26-28 resume o argumento com uma linguagem elevada: "santo, irrepreensível, imaculado, separado dos pecadores e exaltado acima dos céus". Este sumo sacerdote não precisa oferecer sacrifícios dia após dia. Ele se ofereceu uma vez, e essa vez é suficiente. Seu sacerdócio não é apenas eterno, mas suficiente. Em contraste com a fragilidade da lei, "a palavra do juramento" — citando novamente o Salmo 110 — consagrou o Filho, "que foi aperfeiçoado para sempre".

No cerne desta seção está uma redefinição do próprio sacerdócio. Ele não está mais vinculado à linhagem cultual ou ao ritual do templo, mas à eleição divina, à perfeição moral e à intercessão eterna. O sacerdócio de Jesus não é um arranjo temporário ou um papel simbólico. É a peça central teológica de como Hebreus entende a salvação, o acesso a Deus e o desenrolar da história redentora.

Para os ouvintes de Hebreus, este retrato de Cristo como sacerdote eterno é tanto uma âncora doutrinária quanto um conforto pastoral. Sua esperança não se baseia na religião institucional ou na mediação terrena, mas em um sumo sacerdote que vive para sempre e nunca cessa de interceder por eles. Em Cristo, a distância entre o céu e a terra foi transposta — não ritualmente, mas permanentemente; não simbolicamente, mas de fato. E nessa certeza, eles são instados a perseverar.

Excursus: Melquisedeque na literatura judaica antiga

A figura de Melquisedeque desempenha um papel central no argumento teológico de Hebreus, particularmente no capítulo 7, onde ele é retratado como um tipo de Cristo — eterno, superior ao sacerdócio levítico e divinamente designado. No entanto, o papel de Melquisedeque em Hebreus não é uma inovação isolada. O autor se baseia em tradições mais amplas que cercam Melquisedeque na interpretação e literatura judaicas, e provavelmente espera familiaridade com elas, onde este enigmático rei-sacerdote de Gênesis 14 adquiriu rico significado simbólico.

No texto bíblico de Gênesis 14:18-20, Melquisedeque aparece abruptamente na narrativa da vitória militar de Abrão. Ele é apresentado como "rei de Salém" e "sacerdote do Deus Altíssimo", que abençoa Abrão e recebe dele o dízimo. A brevidade do relato e a ausência de contexto genealógico ou narrativo levaram à especulação teológica na interpretação judaica posterior. O Salmo 110:4 posteriormente elevaria Melquisedeque ainda mais: "Tu és sacerdote para sempre, segundo a ordem de Melquisedeque". Hebreus aproveita essa combinação de obscuridade narrativa e status sacerdotal para construir um tipo cristológico, mas não foi o primeiro a fazê-lo.

No judaísmo do Segundo Templo, Melquisedeque aparece em uma variedade de textos — alguns especulativos, outros altamente exaltados. Os mais notáveis entre eles são os textos encontrados em Qumran e as interpretações rabínicas posteriores.

1. Melquisedeque nos textos de Qumran

A reinterpretação mais significativa de Melquisedeque no Segundo Templo vem do 11QMelquisedeque (11Q13), um fragmento dos Manuscritos do Mar Morto datado do século I a.C. Neste midrash escatológico, Melquisedeque é retratado não apenas como um sacerdote humano, mas como uma figura divina ou semidivina que atua como um libertador celestial. Ele é descrito usando títulos como "elohim" (Deus) e "juiz", e espera-se que desempenhe um papel decisivo no Dia da Expiação no fim dos tempos.

Neste texto, Melquisedeque atua como uma figura sacerdotal celestial que proclama a liberdade aos cativos, com base em Levítico 25 e Isaías 52. Ele atua como um agente messiânico de expiação e julgamento, opondo-se às forças de Belial (o mal) e presidindo o jubileu final de Deus. Essa representação revela que, na época em que Hebreus foi escrito, Melquisedeque já era associado à esperança escatológica e à autoridade divina em alguns círculos judaicos.

O autor de Hebreus não cita diretamente Melquisedeque, mas parece ciente dessa tradição. Ele ecoa a ideia da origem celestial, do status sacerdotal e da função escatológica de Melquisedeque, embora canalize esses atributos cristologicamente. Em Hebreus, Cristo — não Melquisedeque — é o verdadeiro sacerdote eterno, mas Melquisedeque fornece um padrão ou arquétipo para a compreensão do sacerdócio singular de Jesus.

2. Melquisedeque em Filo

O filósofo judeu helenístico Fílon de Alexandria também comenta sobre Melquisedeque, embora de forma mais alegórica. Em *Legum Allegoriae* e *De Congressu Quaerendae Eruditionis Gratia*, Fílon interpreta Melquisedeque como um símbolo da razão ou virtude, parte de sua abordagem alegórica mais ampla das Escrituras. Fílon identifica Melquisedeque com "logos" — a razão divina — e enfatiza sua função ética e filosófica.

Embora a alegoria de Filo difira da tipologia de Hebreus, ambas as abordagens tratam Melquisedeque como mais do que uma figura histórica. Ele é uma chave interpretativa para algo maior: para Filo, a sabedoria abstrata; para Hebreus, o sacerdócio eterno do Cristo exaltado.

3. Melquisedeque em fontes rabínicas e judaicas posteriores

Na literatura rabínica posterior, Melquisedeque é tipicamente desmistificado. Alguns textos rabínicos associam Melquisedeque a Sem, filho de Noé, situando-o assim na tradição genealógica bíblica e removendo a aura de mistério enfatizada em leituras judaicas e cristãs anteriores. Essa mudança pode refletir uma reação contra as afirmações cristãs, incluindo aquelas em Hebreus, que atribuíam fortemente a Melquisedeque um significado messiânico e teológico.

Embora os textos rabínicos preservem um grau de respeito pelo papel sacerdotal de Melquisedeque, eles frequentemente mudam o foco de volta para Abraão como a figura patriarcal central, afirmando assim a continuidade abraâmica e levítica sobre a inovação melquisedequeana.

A Epístola aos Hebreus se insere em uma tradição interpretativa mais ampla que via Melquisedeque como mais do que um personagem bíblico secundário. Textos judaicos do Segundo Templo — especialmente o 11QMelquisedeque — mostram que Melquisedeque havia se tornado um símbolo flexível: um sacerdote celestial, uma figura de justiça e um portador de esperança escatológica.

Hebreus adota e transforma essa tradição ao localizar seu cumprimento em Cristo. Em vez de retratar Jesus como Melquisedeque, apresenta Melquisedeque como um tipo — uma sombra — do verdadeiro sumo sacerdote, eterno não apenas por suas origens misteriosas, mas também por sua designação divina e poder de ressurreição. Dessa forma, Hebreus usa Melquisedeque não como um fim em si mesmo, mas como um meio de iluminar o incomparável sacerdócio de Cristo.

Capítulo 10
O Mediador de uma Aliança Melhor
(Hebreus 8:1-13)

Tendo firmemente estabelecido o sacerdócio de Cristo como superior à ordem levítica, Hebreus agora se volta explicitamente para a natureza e as implicações da "melhor aliança" inaugurada por meio de Cristo (Hebreus 8:6). O oitavo capítulo de Hebreus é conciso, porém fundamental, formando uma ponte entre a exposição teológica do sacerdócio de Cristo e a imagem sacrificial detalhada nos capítulos subsequentes. Em seu cerne, encontra-se uma profunda reinterpretação das antigas promessas da aliança à luz do ministério celestial de Jesus.

O autor de Hebreus resume o argumento anterior com clareza: "Ora, o essencial daquilo que dizemos é este: temos um sumo sacerdote, que se assentou à direita do trono da Majestade nos céus" (Hb 8:1). Essa declaração resume sucintamente toda a visão cristológica de Hebreus. A postura sentada de Cristo simboliza a completude e a suficiência de sua obra sacerdotal, contrastando fortemente com a permanência perpétua e os sacrifícios contínuos dos sacerdotes levíticos. Sua entronização celestial sinaliza que ele ministra no "verdadeiro tabernáculo, erguido pelo Senhor, e não por um homem" (Hb 8:2).

Hebreus recorre a imagens que lembram a filosofia platônica para diferenciar nitidamente as realidades terrenas das celestiais. O tabernáculo terrestre, embora divinamente instruído e reverenciado, é caracterizado explicitamente como "uma cópia e sombra do que está nos céus" (Hb 8:5). Essa noção reflete uma visão de mundo comum entre os judeus helenísticos, notavelmente influenciada pelo platonismo médio, mas Hebreus a emprega não para desvalorizar o santuário terrestre, mas para exaltar o sacerdócio celestial de Cristo. Nessa perspectiva, os rituais terrenos apontam para uma realidade transcendente e última, realizada unicamente pela mediação sacerdotal de Cristo.

A contribuição distintiva do capítulo oito é sua extensa citação de Jeremias 31:31-34, marcando-o como a mais longa citação do Antigo Testamento no Novo Testamento. Essa passagem profética, originalmente proferida no contexto do exílio de Israel e da esperança de renovação, torna-se fundamental em Hebreus para a compreensão da "melhor aliança" mediada por Cristo. Jeremias havia imaginado uma aliança inscrita não em tábuas de pedra, mas diretamente nos corações humanos — uma profunda transformação no relacionamento da humanidade com Deus.

Hebreus interpreta essa promessa cristologicamente: a nova aliança predita por Jeremias encontra sua realização definitiva em Jesus. Diferentemente da aliança mediada por Moisés, que era externamente orientada e dependente de rituais de sacrifício contínuos, a nova aliança promulgada por

Cristo envolve uma transformação interna — "Porei as minhas leis em suas mentes e as escreverei em seus corações" (Hb 8:10). Essa internalização implica intimidade direta e imediata com Deus: "Todos me conhecerão, desde o menor deles até o maior" (Hb 8:11).

As implicações dessa transformação são significativas. Primeiro, ela redefine radicalmente a natureza da interação divino-humana. O conhecimento de Deus não é mais mediado exclusivamente por ritos sacerdotais, observância da lei ou culto sacrificial, mas é acessível diretamente por meio da pessoa e obra de Cristo. Segundo, ela aborda as limitações inerentes à antiga aliança. Hebreus observa explicitamente que a própria introdução de uma nova aliança implica a obsolescência da antiga: "Chamando 'nova' esta aliança, ele tornou antiquada a primeira" (Hb 8:13). Essa linguagem contundente ressalta a urgência pastoral do autor. O público-alvo deve reconhecer que a realização trazida por Cristo exige ir além das formas religiosas anteriores.

No entanto, Hebreus tem o cuidado de não descartar ou desonrar a antiga aliança de imediato. Em vez disso, insiste na continuidade mesmo dentro desta transformação. A nova aliança cumpre, em vez de destruir, a antiga; ela completa o que o sistema anterior antecipou e preparou. De fato, a própria profecia de Jeremias emerge do cerne da tradição da antiga aliança, demonstrando assim a continuidade no plano abrangente de Deus. A hermenêutica do autor destaca consistentemente Cristo como o ápice da longa história da aliança de Israel.

Para a comunidade do primeiro século, à qual os hebreus se dirigiam, enfrentando pressões de perseguição e potencial deriva, essa visão de uma "aliança melhor" proporcionou clareza teológica e encorajamento pastoral. Reafirmou sua identidade como participantes de uma profunda transformação espiritual, que ultrapassava a mera adesão a rituais externos. Sua fidelidade estava ancorada não em um templo sujeito à destruição nem em ritos que exigiam repetição constante, mas na mediação permanente, suficiente e celestial de Cristo.

Concluindo, Hebreus capítulo 8 apresenta Cristo como o mediador de uma nova e melhor aliança, fundamentada em uma transformação espiritual duradoura profetizada por Jeremias. Por meio de Cristo, a intimidade da aliança com Deus é internalizada, cumprida e aperfeiçoada. As implicações pastorais permanecem potentes hoje, convidando os crentes contemporâneos a uma reflexão mais profunda sobre como vivenciam e expressam seu relacionamento de aliança com Deus por meio de Cristo.

Excursus: Hebreus, a Nova Aliança e a História do Antijudaísmo Cristão

A Epístola aos Hebreus apresenta Jesus como o mediador de uma "nova aliança" que supera e cumpre a aliança estabelecida por Moisés (Hb 8:6-13). Baseando-se em Jeremias 31, Hebreus descreve essa nova aliança como marcada pela transformação interna, pelo conhecimento direto de Deus e pelo perdão decisivo dos pecados. No contexto judaico-cristão do primeiro século, essa afirmação teológica foi uma profunda afirmação da importância de Cristo e uma reorientação da identidade da aliança em torno dele.

No entanto, ao longo da história da Igreja, tais alegações foram frequentemente dissociadas de suas raízes judaicas e usadas como arma contra o povo judeu. A doutrina da nova aliança tornou-se, em alguns setores da Igreja, um fundamento para o supersessionismo — a ideia de que a Igreja havia substituído Israel permanentemente como povo de Deus. Essa visão historicamente contribuiu para um profundo legado de antijudaísmo, que, com o tempo, evoluiu para o antissemitismo ou se cruzou com ele, resultando em danos reais às comunidades judaicas.

Os primeiros escritos cristãos frequentemente interpretavam o contraste entre "antigo" e "novo" em termos antagônicos. Por exemplo, alguns autores patrísticos descreviam o judaísmo como uma religião fracassada ou obsoleta, cuja aliança havia sido anulada pela vinda de Cristo. Essa não era necessariamente a lógica de Hebreus em si, mas tornou-se um padrão dominante de interpretação. A linguagem de "promessas superiores", "aliança obsoleta" e "sombra versus realidade", como encontrada em Hebreus 8 e 10, foi cada vez mais empregada não apenas para exaltar Cristo, mas também para degradar o judaísmo.

Essas correntes teológicas contribuíram para um ambiente cultural e político mais amplo, no qual os judeus eram marginalizados, estereotipados e perseguidos. Das polêmicas teológicas de figuras como João Crisóstomo, às restrições medievais, conversões forçadas e expulsões, às justificativas religiosas usadas durante pogroms e, finalmente, ao Holocausto, o legado do antijudaísmo cristão teve consequências trágicas e duradouras. Embora não seja a única causa do antissemitismo, leituras teológicas distorcidas de textos como Hebreus contribuíram para séculos de hostilidade e violência.

Dada essa história, os intérpretes contemporâneos de Hebreus enfrentam uma responsabilidade vital: ler e ensinar o texto de uma forma que respeite seu contexto judaico, evite interpretações supersessionistas e resista à tendência de definir a identidade cristã acima e contra o judaísmo. Vários princípios podem orientar esse caminho melhor:

Contextualizando o contraste

A distinção entre a antiga e a nova aliança em Hebreus surge de um contexto intrajudaico. O autor não critica o judaísmo de fora, mas reinterpreta as categorias da aliança à luz de Jesus, a quem a comunidade considera o Messias. O argumento pressupõe reverência compartilhada pelas Escrituras, pelo templo e pelo sacerdócio. Trata-se de uma reconfiguração teológica, não de uma denúncia étnica ou religiosa.

Afirmando a continuidade e a realização

Hebreus afirma que a nova aliança foi antecipada dentro da antiga. Cita Jeremias 31 — escrito por um profeta hebreu ao povo de Israel — como evidência da intenção de longa data de Deus de renovar a aliança de dentro para fora. Essa continuidade desafia interpretações que colocam o cristianismo e o judaísmo como diametralmente opostos ou mutuamente exclusivos.

Rejeitando a Teologia da Substituição

Um número crescente de teólogos cristãos hoje defende leituras pós-supersessionistas do Novo Testamento — abordagens que afirmam a validade permanente da aliança de Deus com o povo judeu. Essas interpretações sustentam que os crentes gentios são incorporados à história de Israel por meio de Cristo, não como substitutos, mas como participantes da expansão das promessas de Deus.

Aprendendo com o diálogo judaico-cristão

Nas últimas décadas, o diálogo renovado entre estudiosos judeus e cristãos levou a um maior entendimento mútuo. Intérpretes judeus destacaram a herança escritural compartilhada de Hebreus e seu profundo envolvimento com o pensamento judaico. Leitores cristãos, por sua vez, foram desafiados a abordar textos como Hebreus com maior humildade e atenção aos perigos do triunfalismo teológico.

Abraçando a Ética dos Hebreus

Ironicamente, os próprios temas enfatizados em Hebreus — perseverança, humildade, acesso a Deus pela misericórdia e compaixão sacerdotal — questionam qualquer interpretação que fomente arrogância, superioridade ou desprezo. A "melhor aliança" não é uma licença para o orgulho, mas um convite a uma fidelidade mais profunda, moldada pela intercessão e pelo amor abnegado de Cristo.

A história de antijudaísmo da Igreja é um pano de fundo preocupante para a leitura de Hebreus hoje. Embora a carta proclame a glória suprema de Cristo e as promessas da nova aliança, ela não deve ser cooptada por narrativas que rebaixem ou desvalorizem o povo judeu. Em vez disso, uma leitura cuidadosa e fiel de Hebreus pode levar a uma maior apreciação de suas raízes judaicas, a uma visão mais inclusiva da aliança e a uma identidade cristã marcada não pela oposição, mas pela humildade, reverência e esperança compartilhada.

Capítulo 11
O Sacrifício de Cristo de Uma Vez por Todas
(Hebreus 9:1–10:18)

Hebreus, capítulos 9 e 10, oferece uma das reflexões teológicas mais ricas sobre o sacrifício de Cristo no Novo Testamento. Tendo estabelecido o sacerdócio celestial e a aliança superior de Cristo, o autor agora retrata vividamente as implicações do sacrifício de Cristo como um evento definitivo, singular e irrepetível — em forte contraste com os rituais repetidos da Antiga Aliança.

O capítulo 9 começa descrevendo o tabernáculo terrestre e seus rituais (9:1-10). Essas práticas, explica o autor, serviam principalmente como símbolos, medidas temporárias que não conseguiam alcançar uma purificação duradoura da consciência. Eram regulamentos externos que apontavam para uma purificação mais profunda e profunda, que só poderia ser alcançada por meio do sacrifício de Cristo. O tabernáculo, com suas distintas áreas de santidade crescente — o Lugar Santo e o Lugar Santíssimo — exemplificava a separação entre a humanidade e Deus, exigindo intercessão sacerdotal contínua e sacrifícios contínuos.

Hebreus então muda drasticamente o foco dos rituais terrenos para a realidade celestial. Cristo é retratado entrando não em um santuário feito pelo homem, mas no próprio céu, aparecendo diante de Deus em favor da humanidade (9:11-12). Ao contrário dos sacerdotes levíticos, que exigiam a oferta repetida de sangue animal, Cristo ofereceu seu próprio sangue, garantindo uma "redenção eterna". Essa distinção é crucial: os sacrifícios de animais eram limitados, simbolicamente eficazes, mas, em última análise, incapazes de remover completamente a culpa ou alcançar uma reconciliação duradoura. Em contraste, o sacrifício de Cristo alcança a purificação verdadeira e duradoura da consciência humana, transformando os crentes de dentro para fora.

No centro desse argumento está a reflexão do autor sobre a natureza da morte de Cristo. Ela é retratada como o cumprimento final do sistema sacrificial inaugurado sob a aliança mosaica. Ao enfatizar a superioridade e a suficiência da oferta de Cristo, Hebreus deixa claro que o antigo sistema, baseado em sacrifícios repetidos, é cumprido e tornado obsoleto pelo ato singular de Cristo (9:23-28). O sacrifício de Cristo, com efeito, inaugura uma nova era caracterizada pelo acesso direto a Deus, marcada pela renovação espiritual interna e pela profunda certeza do perdão.

A imagem se intensifica no capítulo 10, onde as limitações do antigo sistema sacrificial são reiteradas: "É impossível que o sangue de touros e bodes remova pecados" (10:4). A repetição de sacrifícios destacava sua ineficácia e apontava para algo melhor — um sacrifício que pudesse verdadeiramente purificar e santificar de uma vez por todas. O autor cita o Salmo 40, usando a versão da Septuaginta Grega (LXX), que diz "um corpo que me preparaste", em vez das "orelhas que me cavaste" do Texto Massorético. Hebreus utiliza essa diferença textual significativa para sublinhar a oferta corporal e sacrificial de Cristo, enfatizando sua entrega voluntária e completa em obediência à vontade de Deus. Essa interpretação cristológica estabelece um novo e duradouro relacionamento de aliança.

O sacrifício de Cristo, segundo Hebreus, realiza o que os antigos sacrifícios só podiam simbolizar. Ele alcança a santificação genuína, separando permanentemente os crentes como santos diante de Deus (10:10). O autor enfatiza a natureza completa desse sacrifício ao observar novamente a postura de Cristo sentado à direita de Deus — um poderoso ato simbólico que ressalta completude, finalidade e suficiência (10:12-14).

As implicações pastorais e teológicas do sacrifício de Cristo, realizado de uma vez por todas, são profundas. Hebreus 10:18 funciona como a culminância prática da intensa argumentação teológica do autor, declarando decisivamente que "onde há perdão destes, já não há oferta pelo pecado". O significado teológico se traduz diretamente em realidade prática: o sistema sacrificial que envolvia repetidas ofertas de animais torna-se desnecessário pelo sacrifício completo de Cristo. Assim, Hebreus não apenas redefine a compreensão teológica, mas também altera profundamente a prática religiosa, confirmando que os antigos métodos de expiação estão agora obsoletos devido ao perdão abrangente e final alcançado por meio de Jesus. Os crentes são convidados a uma nova aliança caracterizada pela confiança, intimidade e garantia de reconciliação permanente com Deus, confiando plenamente na obra consumada de Cristo.

Concluindo, Hebreus 9:1–10:18 oferece uma reflexão definitiva sobre o sacrifício de Cristo como um evento transformador e definitivo que cumpre e substitui os antigos rituais da aliança. Por meio de seu sacrifício singular, Cristo inaugura uma nova aliança caracterizada pelo perdão permanente, pela santificação interior e pelo acesso direto a Deus.

Excursus: Sacrifício de Animais no Mundo Antigo

Para compreender plenamente o significado teológico do sacrifício de Cristo, realizado uma vez por todas, em Hebreus 9–10, é importante compreender o panorama cultural e religioso mais amplo em que o sacrifício animal se desenvolveu. Longe de ser uma prática peculiarmente israelita, o sacrifício animal era um fenômeno universal no mundo antigo, abrangendo culturas, continentes e credos. Para os povos antigos, o sacrifício era central para a compreensão e manutenção da relação divino-humana.

A Lógica do Sacrifício

Na maioria das sociedades antigas, o sacrifício servia como meio de comunicação com o divino. Animais eram oferecidos como dádivas aos deuses para expressar gratidão, buscar favores, expiar erros ou garantir proteção. A suposição subjacente era que os seres divinos poderiam ser honrados e apaziguados por meio de oferendas rituais, especialmente aquelas que envolviam sangue, fogo e a transformação da matéria física. O ato de matar e oferecer um animal não era meramente simbólico; acreditava-se que estabelecia ou restaurava a ordem cósmica, a harmonia social e a purificação pessoal.

Essa lógica se aplicava aos sistemas religiosos mesopotâmicos, egípcios, gregos, romanos e cananeus. Na religião grega, por exemplo, sacrifícios comunitários eram frequentemente realizados em altares fora dos templos, envolvendo a queima de porções selecionadas e a partilha do restante em uma refeição ritual. A religião romana institucionalizou os ritos sacrificiais como parte integrante da identidade cívica e da estabilidade do Estado. Na prática cananeia, os sacrifícios eram vinculados à fertilidade, aos ciclos sazonais e, às vezes, a expressões extremas como o sacrifício de crianças — práticas das quais as Escrituras de Israel explicitamente se distanciam (por exemplo, Lv 18:21).

Sacrifício de animais em Israel

Embora compartilhasse muito com seus vizinhos em termos de formas de sacrifício — holocaustos, ofertas pacíficas, ofertas pelo pecado e ofertas pela culpa — a teologia sacrificial israelita se distinguia por seu monoteísmo estrito e estrutura de aliança. Os sacrifícios não eram oferecidos para garantir favores arbitrários, mas para expressar fidelidade à aliança, lidar com a impureza e manter a integridade relacional com Javé. Levítico articula essa teologia de forma mais completa, onde o derramamento de sangue funciona como um meio de purificação e expiação ritual: "Porque a vida da carne está no sangue... é o sangue que faz expiação pela vida" (Lv 17:11).

O Dia da Expiação (Yom Kippur), mencionado explicitamente em Hebreus, exemplificava esse sistema. Uma vez por ano, o sumo sacerdote entrava no Lugar Santíssimo para oferecer sangue em nome de toda a comunidade, purificando simbolicamente tanto as pessoas quanto o santuário (Lv 16). Esse ritual revelava tanto a gravidade do pecado quanto a possibilidade de reconciliação — mas também sua impermanência. A repetição do sacrifício, ano após ano, sinalizava tanto a necessidade quanto a inadequação do sistema.

Hebreus e a Crítica da Repetição

Nesse contexto, a Epístola aos Hebreus faz uma profunda afirmação teológica: a oferta de si mesmo por Cristo é qualitativamente diferente dos repetidos sacrifícios de animais da antiga aliança. O sangue animal podia purificar a carne, mas não a consciência (Hb 9:13-14). A própria repetição dos sacrifícios revelava sua incapacidade de lidar com o pecado de uma vez por todas (10:1-4). O sacrifício de Cristo, em contraste, é descrito como "uma vez por todas", oferecido "pelo Espírito eterno", efetuando a redenção completa e permanente (9:12, 14, 26).

O autor de Hebreus não denigre o antigo sistema, mas o considera provisório e antecipatório. Os sacrifícios de animais da aliança mosaica apontavam para além de si mesmos, para uma realidade maior. Funcionavam como tipos — sombras rituais da substância que se concretizaria em Cristo. Nesse contexto, a morte de Jesus não é meramente mais uma oferta em uma longa lista, mas o sacrifício singular e definitivo que traz verdadeiro acesso a Deus e genuína purificação do pecado.

Sacrifício Animal e Leitores Modernos
Para leitores modernos, especialmente aqueles não familiarizados com culturas religiosas antigas, a proeminência da linguagem sacrificial em Hebreus pode ser desafiadora ou até mesmo desanimadora. As sensibilidades contemporâneas estão muito distantes de um mundo em que matar animais não era apenas religiosamente significativo, mas também socialmente normativo. No entanto, compreender o sacrifício antigo como um modo universal de relacionamento divino-humano esclarece por que Hebreus insiste tão fortemente no papel sacrificial de Cristo.

No mundo antigo, a abolição do sacrifício teria sido impensável. Eliminá-lo pareceria cortar o próprio meio pelo qual a humanidade se aproximava do divino. Hebreus ousa fazer essa afirmação — não rejeitando o sacrifício por completo, mas afirmando que, em Jesus, o sacrifício atingiu seu clímax. Nenhuma outra oferta é necessária, pois o único e verdadeiro sacrifício já foi feito.

O sacrifício animal era fundamental para a religião antiga, incluindo a de Israel. Representava tanto os anseios mais profundos da humanidade pela comunhão divina quanto o problema persistente do pecado e da alienação. Hebreus honra essa tradição ao declarar que a auto-oferta de Cristo realizou o que o sacrifício animal jamais poderia alcançar. Seu sangue, derramado de uma vez por todas, inaugura um novo e vivo caminho para a presença de Deus — tornando desnecessário e obsoleto qualquer derramamento de sangue. Dessa forma, Hebreus tanto extrai do mundo sacrificial em que habita quanto o transcende, apontando os leitores para um Deus que não deseja o sangue de touros e bodes, mas corações transformados pela graça.

Capítulo 12
Mantenha-se firme na fé
Avisos e Exemplos
(Hebreus 10:19–11:40)

Tendo estabelecido cabalmente o sacerdócio superior e o sacrifício de Cristo, o autor de Hebreus volta-se, em 10:19, para uma exortação pastoral explícita. Esta seção, que se estende pelo famoso "Salão da Fé" no capítulo 11, marca uma mudança da exposição teológica para um encorajamento urgente e advertências. O público é instado a perseverar na fé, fundamentado na plena certeza proporcionada pela obra consumada de Cristo.

Hebreus 10:19-25 inicia essa mudança exortando os crentes a entrarem confiantemente na presença de Deus, tendo seus corações purificados e suas consciências limpas pelo sacrifício de Cristo. As implicações teológicas são práticas e imediatas: os crentes devem "apegar-se firmemente à esperança que professamos", encorajando-se ativamente uns aos outros, reunindo-se regularmente e mantendo vigilância espiritual (10:23-25). O autor enfatiza a responsabilidade comunitária, reforçando que a perseverança na fé não é meramente individual, mas profundamente coletiva.

Essa urgência pastoral é ainda mais enfatizada por uma severa advertência contra a apostasia deliberada em Hebreus 10:26-31. Aqueles que rejeitam a Cristo conscientemente, após experimentarem a verdade, enfrentam severas consequências. A intensidade dessa advertência serve a um propósito retórico, destacando a seriedade da fidelidade e a gravidade de abandonar o sacrifício único e final de Cristo. Em vez de meramente incutir medo, ela ressalta o significado insubstituível da obra expiatória de Cristo, impulsionando os crentes a uma devoção renovada.

Hebreus equilibra essa advertência com um lembrete da própria história de perseverança dos ouvintes sob perseguição e dificuldades (10:32-39). Eles já haviam demonstrado perseverança em meio ao sofrimento, expostos publicamente à reprovação e compartilhando voluntariamente as aflições dos irmãos na fé. O autor afirma a resiliência passada deles como evidência de fé genuína, incentivando a perseverança contínua em antecipação à recompensa prometida. Assim, a fidelidade passada torna-se tanto um conforto quanto um chamado à fidelidade contínua.

O célebre capítulo 11 oferece uma ilustração narrativa vívida dessa perseverança pela fé. Frequentemente chamado de "Salão da Fé", ele cataloga figuras do Antigo Testamento cujas vidas exemplificaram a confiança inabalável em Deus em meio à adversidade e à incerteza. De Abel e Enoque a Noé, Abraão, Sara, Moisés e além, a lista abrange um amplo espectro de vida fiel: obediência, perseverança, sacrifício e expectativa esperançosa de promessas não plenamente cumpridas durante suas vidas.

Esses heróis da fé são retratados não como indivíduos impecáveis, mas como modelos de confiança persistente nas promessas de Deus. Suas histórias, em conjunto, ilustram a fé como "a certeza daquilo que esperamos e a prova das coisas que não vemos" (11:1). A fé, para Hebreus, é dinâmica e ativa, expressa por meio de atos tangíveis de obediência, sacrifício e coragem diante da oposição e do sofrimento.

Hebreus também enfatiza a dimensão escatológica da fé — cada personagem do capítulo 11 é caracterizada por uma expectativa voltada para o futuro, reconhecendo sua condição de peregrinos e antecipando uma cidade futura projetada e construída por Deus (11:13-16). Essa orientação proporciona profundo encorajamento aos leitores, lembrando-os de que a fé envolve inerentemente espera paciente e confiança na realização final de Deus.

É importante ressaltar que Hebreus conclui este catálogo destacando a natureza incompleta das experiências dessas figuras antigas: "Todos estes foram louvados por sua fé, mas nenhum deles recebeu a promessa, visto que Deus havia planejado algo melhor para nós, para que somente conosco eles fossem aperfeiçoados" (11:39-40). Esta declaração fundamental conecta crentes do passado, do presente e do futuro, destacando uma narrativa unificada de redenção que culmina em Cristo.

O propósito pastoral é claro: o público é convidado a visualizar suas próprias lutas e incertezas dentro do contexto mais amplo da fidelidade de Deus ao longo da história. Como herdeiros desse legado de fé, os fiéis são impelidos a não recuar, mas a prosseguir com confiança, encorajados pela nuvem de testemunhas fiéis que testificam a fidelidade e as promessas imutáveis de Deus.

Em resumo, Hebreus 10:19-11:40 integra magistralmente exortação, advertência, encorajamento e ilustração histórica para incitar os crentes à perseverança inabalável na fé. As histórias de heróis do passado reforçam o chamado à perseverança presente, fundamentando sua esperança firmemente na fidelidade de Deus e na obra consumada de Cristo.

Excursus: Fé e Fidelidade no Novo Testamento - A riqueza de Πίστις

A palavra grega πίστις (*pistis*) — comumente traduzida como "fé" — está entre os termos teologicamente mais significativos e ricamente estruturados do Novo Testamento. No cerne da vida e da doutrina cristã, *pistis* pode transmitir uma gama de significados, desde crença ou confiança até lealdade, fidelidade e firmeza. A Epístola aos Hebreus, especialmente no capítulo 11, fornece uma demonstração vívida dessa amplitude ao retratar a fé não apenas como assentimento intelectual, mas como fidelidade persistente, corajosa e encarnada a Deus.

Pistis: Um Campo Semântico

No uso grego clássico e helenístico, *pistis* tinha um amplo alcance semântico. Podia significar:

Confiança ou fé em uma pessoa ou afirmação (semelhante a "crença")

Confiabilidade ou credibilidade (como em "este relatório é confiável")

Lealdade ou fidelidade nos relacionamentos, especialmente em sistemas de clientelismo ou alianças políticas

Em textos gregos judaicos, como a Septuaginta, pistis também assumiu conotações de aliança, frequentemente alinhadas a termos hebraicos como 'emuná', que denota firmeza ou fidelidade. Nos Salmos e nos escritos proféticos, *a palavra "pistis" de Deus* normalmente se refere à fidelidade de Deus às suas promessas. Assim, *pistis* poderia descrever tanto a confiabilidade inabalável de Deus quanto a resposta humana de confiança e lealdade.

Fé ou Fidelidade? Interpretando Pistis no Novo Testamento

Quando os escritores do Novo Testamento empregam *pistis,* eles frequentemente transitam com fluidez entre esses significados. Por exemplo:

Nas cartas de Paulo, *pistis* pode significar confiança na ação salvadora de Deus (Rm 3:28), mas também conota uma vida de lealdade à aliança (Gl 5:6; 1 Ts 1:3).

O debate sobre se "πίστις Χριστο ῦ " (por exemplo, Gálatas 2:16; Romanos 3:22) deve ser traduzido como " fé em Cristo " (genitivo objetivo) ou " fidelidade de Cristo " (genitivo subjetivo) exemplifica essa complexidade. Ambas as traduções são gramaticalmente possíveis e teologicamente ricas.

Em Hebreus 11, *pistis* é apresentada não como uma crença abstrata, mas como uma fidelidade duradoura expressa por meio de ações concretas. O chamado "Salão da Fé" apresenta indivíduos que "pela fé" obedeceram, construíram, sofreram, vagaram e perseveraram. Fé aqui não é meramente crer que Deus existe (cf. Hb 11:6), mas agir em conformidade com as promessas de Deus, apesar da demora, das dificuldades ou da incerteza. Abel oferece. Noé constrói. Abraão vai embora. Moisés recusa. Raabe acolhe. Cada ato demonstra uma *pistis* que inclui tanto a confiança em Deus quanto a obediência fiel ao Seu chamado.

A mensagem pastoral é clara: para os hebreus, *pistis* não é uma qualidade estática, mas uma orientação vivida em direção a Deus — confiar nEle para o que é invisível e permanecer fiel em meio às provações. Trata-se menos de certeza mental e mais de perseverança relacional.

Capítulo 13
Corra com resistência
A Disciplina de Deus e a Cidadania Celestial
(Hebreus 12:1-29)

No capítulo 12, Hebreus transita perfeitamente de exemplos de fidelidade histórica para uma exortação direta sobre as implicações práticas da fé duradoura. Inspirado pela "grande nuvem de testemunhas" descrita anteriormente, o autor agora convoca os crentes a incorporarem ativamente esse legado, perseverando em sua jornada espiritual, mesmo em meio às dificuldades e à disciplina divina.

O capítulo começa empregando vividamente imagens atléticas para enfatizar a perseverança: "livremo-nos de tudo o que nos atrapalha e do pecado que nos envolve, e corramos com perseverança a corrida que nos é proposta" (12:1). Essa metáfora transmite com eficácia o esforço rigoroso, o compromisso focado e a determinação disciplinada exigidos dos crentes. Crucialmente, o autor direciona a atenção deles para Jesus como o exemplo de perseverança, que "pela alegria que lhe estava proposta suportou a cruz, desprezando a vergonha, e assentou-se à direita do trono de Deus" (12:2). Assim, Cristo não é apenas o objeto da fé, mas também seu modelo supremo, demonstrando perseverança no sofrimento em prol da glória futura.

Hebreus explora ainda mais o tema do sofrimento, reformulando-o sob a ótica da disciplina divina (12:5-11). Citando Provérbios 3:11-12, o autor retrata as dificuldades como evidência do cuidado paternal de Deus, em vez da negligência divina. A disciplina, embora dolorosa, é retratada positivamente, como um sinal de um relacionamento genuíno com Deus, que busca maturidade espiritual e santidade para Seus filhos. Essa perspectiva transforma experiências de adversidade de meros obstáculos em oportunidades significativas de crescimento, incentivando os fiéis a responder com paciência, resiliência e confiança.

A exortação passa da resistência pessoal para a responsabilidade coletiva em 12:12-17. Os crentes são exortados a apoiarem-se mutuamente em sua corrida coletiva, garantindo que ninguém se afaste da graça de Deus por amargura, imoralidade ou negligência espiritual. O exemplo de Esaú serve como um alerta sério contra os perigos da gratificação imediata e do descaso com a própria herança espiritual. Este lembrete reforça a seriedade com que os crentes devem tratar suas responsabilidades espirituais comunitárias e individuais.

Na seção culminante do capítulo 12 (versículos 18-29), Hebreus contrasta o medo e a inacessibilidade do Sinai com a realidade alegre e acolhedora do Monte Sião. Sob a nova aliança, os crentes não se aproximam de Deus com o temor trêmulo associado à lei mosaica, mas com alegre confiança, celebrando sua condição de cidadãos de uma Jerusalém celestial. Essa representação de Sião ressalta vividamente a segurança, a permanência e o privilégio espiritual inerentes ao novo relacionamento dos crentes com Deus por meio de Cristo.

No entanto, o autor conclui com um lembrete solene de que esse privilégio celestial não implica familiaridade casual ou reverência diminuída. Deus permanece "um fogo consumidor" (12:29), e o reino que os crentes herdam é, em última análise, "inabalável" precisamente por causa do caráter santo e da autoridade soberana de Deus. Assim, a resposta apropriada é uma vida caracterizada por adoração reverente, admiração e profunda gratidão, equilibrando a alegria confiante com a reverência humilde.

Em suma, Hebreus 12 sintetiza poderosamente a exortação pessoal, a responsabilidade comunitária e a promessa escatológica. Ao interpretar a adversidade como disciplina divina proposital e enfatizar a cidadania celestial privilegiada dos crentes, o texto exorta a uma perseverança ativa e disciplinada, firmemente enraizada tanto no exemplo de Cristo quanto nas promessas duradouras de Deus.

Excursus: O significado de Παιδεία no mundo antigo e em hebreus

No pensamento grego clássico, paideia referia-se à formação educacional, moral e cívica de uma pessoa, especialmente de um jovem cidadão do sexo masculino. Envolvia não apenas a instrução em línguas, literatura e filosofia, mas também o cultivo da virtude, disciplina e perseverança. O objetivo da paideia era moldar o caráter e os hábitos de uma pessoa para que ela pudesse cumprir suas responsabilidades sociais e morais. O processo era rigoroso, envolvendo esforço, treinamento, correção e, às vezes, dificuldades. Mas seu propósito era sempre construtivo: produzir maturidade, sabedoria e excelência (aretē).

Este conceito permaneceu influente no judaísmo helenístico. O livro de Provérbios, amplamente lido na diáspora judaica, recomendava a disciplina do Senhor como um sinal de amor e um caminho para a sabedoria (por exemplo, Pv 3:11-12). A Septuaginta — a tradução grega da Bíblia Hebraica — usa παιδεία repetidamente para traduzir termos hebraicos relacionados à correção, instrução e educação. Paideia, portanto, já era familiar a muitos leitores judeus do primeiro século, tanto como um ideal filosófico quanto como um padrão de aliança do envolvimento de Deus com Seu povo.

Hebreus 12:5–11 baseia-se diretamente em Provérbios 3:11–12, citando a passagem para ancorar seu chamado à perseverança nas Escrituras: "Meu filho, não despreze a disciplina (παιδεία) do Senhor... pois o Senhor disciplina aquele a quem ama." (Hb 12:5-6)

O autor então constrói um argumento teológico baseado em imagens familiares: assim como os pais terrenos disciplinam seus filhos por amor e responsabilidade, Deus também disciplina aqueles que Ele chama de "filhos". Experimentar a παιδεία divina, então, não é ser rejeitado, mas ser reconhecido como um filho legítimo de Deus (Hb 12:7-8).

O tom aqui é pastoral, não punitivo. Hebreus não sugere que todo sofrimento seja uma correção divinamente ordenada, mas sim que a experiência das dificuldades pode ser entendida como parte do processo formativo de Deus. É um chamado para interpretar o sofrimento não como abandono, mas como oportunidade: um convite ao crescimento espiritual, ao refinamento moral e a uma confiança relacional mais profunda em Deus.

O capítulo afirma que esse processo é difícil: "Porque, no momento, toda disciplina parece mais penosa do que prazerosa" (12:11). No entanto, insiste que o resultado — "o fruto pacífico da justiça" — justifica o trabalho. Como um atleta em treinamento ou um estudante sob rigorosa instrução, o crente persevera não pela dor em si, mas pela excelência que ela produz.

Capítulo 14
Vivendo fora do acampamento
Ética, Comunidade e Culto
(Hebreus 13:1-25)

O capítulo 13 de Hebreus dá continuidade à exortação ética da epístola, enfatizando como as verdades teológicas se traduzem na vida comunitária cotidiana. Após delinear extensivamente as profundas realidades espirituais e teológicas do sacerdócio, sacrifício e aliança de Cristo, o autor conclui com instruções claras e práticas sobre a vida ética, as responsabilidades comunitárias e as práticas de culto. Este capítulo final destaca a continuidade entre crença e comportamento, incitando os crentes a encarnar sua cidadania celestial por meio de ações concretas.

O capítulo começa com uma exortação sucinta, mas poderosa: "Amai-vos fraternalmente uns aos outros" (13:1). O amor, consistentemente apresentado como central na ética do Novo Testamento, é aqui priorizado como a característica definidora da comunidade cristã. O chamado se estende especificamente à hospitalidade para com estranhos, relembrando exemplos das Escrituras de indivíduos que, sem saber, hospedaram anjos (13:2). Tal hospitalidade significa abertura, generosidade e a quebra de barreiras sociais, refletindo o amor inclusivo de Cristo.

Seguem-se outras instruções éticas, destacando a solidariedade compassiva com aqueles que sofrem perseguição ou prisão (13:3), a manutenção da pureza nos relacionamentos conjugais (13:4) e o cultivo do contentamento livre da ganância (13:5). Cada instrução fundamenta o comportamento ético firmemente no raciocínio teológico — a fidelidade e a presença de Deus sustentam as escolhas éticas do crente, capacitando-o a rejeitar o materialismo e a imoralidade com confiança.

Hebreus enfatiza notavelmente a importância de honrar e se submeter aos líderes comunitários que proclamam fielmente a Palavra de Deus (13:7, 17). Os crentes são encorajados a observar e imitar a vida de fidelidade e coerência de seus líderes. Ao mesmo tempo, os líderes são lembrados de sua responsabilidade de pastorear cuidadosamente, sabendo que prestarão contas a Deus. Essa responsabilidade mútua promove uma comunidade marcada pela confiança, integridade e maturidade espiritual.

A centralidade da natureza imutável de Cristo é reafirmada sucintamente: "Jesus Cristo é o mesmo ontem, hoje e eternamente" (13:8). Essa afirmação ancora as exortações éticas no caráter consistente e na fidelidade inabalável de Cristo. Como Cristo não muda, os crentes são encorajados a permanecerem firmes em sua fé e prática, resistindo a novidades teológicas ou pressões religiosas externas que divergem dos ensinamentos centrais do Evangelho (13:9).

Hebreus 13:10-16 continua a mesclar reflexão teológica com adoração prática. O autor contrasta a adoração centrada na oferta sacrificial de Cristo com as práticas da aliança anterior. Os crentes são chamados a suportar a reprovação de Cristo, metaforicamente "saindo do acampamento", indicando a disposição de abraçar a marginalização em troca de sua identificação com Cristo. A verdadeira adoração, segundo Hebreus, consiste não apenas em atos rituais, mas em atos de bondade, generosidade e vida ética, descritos como sacrifícios agradáveis a Deus (13:15-16).

O capítulo conclui com observações pessoais, pedidos de oração e bênçãos (13:18-25), reforçando as dimensões relacional e comunitária da fidelidade. Essas saudações finais enfatizam os laços de afeto, cuidado e interdependência dentro da comunidade de fé, incentivando os fiéis a orarem uns pelos outros e por seus líderes espirituais.

Hebreus termina com uma bênção bela e teologicamente rica, invocando o Deus da paz que ressuscitou Jesus dentre os mortos para equipar os crentes para toda boa obra (13:20-21). Esta oração resume os temas centrais da epístola: a suficiência do sacrifício de Cristo, o poder transformador da nova aliança e o chamado a uma vida ética fortalecida pela graça de Deus.

Em suma, Hebreus capítulo 13 integra exortação ética, responsabilidades comunitárias práticas e adoração autêntica, ilustrando como profundos insights teológicos devem inevitavelmente se manifestar na vida cotidiana. Ao vincular a ética diretamente ao caráter imutável de Cristo e à sua obra consumada, o autor demonstra de forma convincente que a fé genuína é consistentemente revelada por meio de ações de amor, fidelidade comunitária e obediência em adoração.

Excursus: Perseguição no Cristianismo Primitivo — Um Contexto para a Visão Ética dos Hebreus

Ao longo da Epístola aos Hebreus, e especialmente em seu clímax exortativo no capítulo 13, o tom é urgente, pastoral e ético. A comunidade é chamada ao amor mútuo, à hospitalidade, à compaixão pelos presos, à pureza sexual, ao contentamento e ao respeito pelos líderes. Essas instruções não são meras virtudes abstratas — são respostas à experiência vivida por uma comunidade sob pressão. Hebreus oferece esses mandamentos à sombra da perseguição, da marginalização e do sofrimento.

Entender a natureza da perseguição no cristianismo primitivo — suas formas, causas e impacto psicológico — pode ajudar os leitores modernos a compreender tanto a dureza quanto a ternura das exortações de Hebreus.

Ao contrário dos séculos posteriores, em que os cristãos enfrentaram perseguição oficial e generalizada, sob governantes como Décio ou Diocleciano, a oposição descrita em Hebreus reflete uma forma de pressão local, social e não oficial. Hebreus 10:32-34 relembra experiências anteriores de vergonha pública, perdas materiais e solidariedade com os presos:

> Você suportou uma dura luta com sofrimentos, às vezes sendo exposto publicamente a abusos e perseguições... Pois você teve compaixão daqueles

que estavam na prisão e aceitou alegremente o saque de seus bens.

Esta passagem sugere que a comunidade já havia sofrido por sua fé, embora provavelmente ainda não a ponto do martírio. Hebreus 12:4 confirma isso: "Na luta contra o pecado, vocês ainda não resistiram até o sangue."

A natureza desse sofrimento provavelmente incluía alienação social, perda de posição jurídica ou econômica e hostilidade local — em vez de processo legal formal. Evidências externas ao Novo Testamento corroboram esse padrão. Um exemplo famoso aparece na correspondência entre Plínio, o Jovem, governador romano da Bitínia-Ponto (na atual Turquia), e o imperador Trajano, por volta de 112 d.C.

Na Carta de Plínio a Trajano (Ep. 10.96-97), Plínio descreve como tem encontrado cristãos em sua província e não sabe como proceder. Ele não os procura proativamente, mas investiga quando as acusações são feitas. Os cristãos são interrogados e, se persistirem em sua confissão, podem ser punidos — embora aqueles que se retratam e adoram os deuses romanos sejam poupados. Plínio observa que exigiu que os cristãos suspeitos oferecessem incenso e vinho à imagem do imperador e amaldiçoassem Cristo — testes de lealdade que os cristãos normalmente recusavam.

Crucialmente, Plínio relata que o "contágio" do cristianismo havia se espalhado não apenas nas cidades, mas também nas áreas rurais, e que antigos pagãos estavam abandonando templos e sacrifícios tradicionais. Trajano, em resposta, instrui Plínio a não caçar cristãos ativamente, mas a puni-los caso fossem formalmente acusados e provados culpados.

Esta correspondência ilustra várias características principais da perseguição inicial que os cristãos enfrentaram:

Era regional e específico para cada caso, dependendo da atitude dos governadores locais.

A principal ofensa não era ter crenças heterodoxas em si, mas deixar de honrar as normas religiosas romanas — especialmente o culto ao imperador.

As acusações podem surgir de ressentimento social, suspeita religiosa ou tensão política.

Embora a carta de Plínio seja várias décadas posterior à de Hebreus, ela reflete o tipo de hostilidade cívica e marginalização religiosa imprevisível que o público de Hebreus talvez estivesse vivenciando. Seu sofrimento ainda não era martírio, mas era real: pressão econômica, perda de status, ameaças de prisão e a tentação constante de retornar a formas de religião mais socialmente aceitáveis.

Capítulo 15
Status canônico e recepção histórica

A Epístola aos Hebreus ocupa uma posição única no desenvolvimento do cânon do Novo Testamento. Seu anonimato, teologia complexa e estilo distinto a distinguem de outros escritos apostólicos. No entanto, apesar — ou talvez por causa — dessas qualidades distintivas, Hebreus exerceu profunda influência na teologia, liturgia e identidade eclesial do cristianismo primitivo. Este capítulo traça a evolução da recepção de Hebreus, examinando como ela foi incluída no cânon e o peso teológico que carregou através das gerações.

É importante reconhecer que o conceito de um cânone fixo do Novo Testamento só emergiu plenamente no século IV. Antes desse período, as comunidades cristãs primitivas estavam envolvidas em processos fluidos e localizados de uso textual e discernimento teológico. Portanto, a recepção de Hebreus antes do século IV não deve ser descrita em termos de simples aceitação ou rejeição. Em vez disso, o uso inicial de Hebreus — e, às vezes, a falta de uso — reflete padrões mais amplos de formação escritural, incorporação litúrgica e ressonância teológica.

Hebreus está notavelmente ausente de algumas listas antigas de escritos autoritativos e é sub-representado em citações de alguns escritores do século II. O Fragmento Muratoriano, cuja data e proveniência precisas permanecem controversas, não inclui Hebreus. Essa omissão pode refletir hesitações relacionadas à autoria, ao uso geográfico ou à natureza evolutiva das coleções de manuscritos. As incertezas em torno do contexto do fragmento também alertam contra conclusões definitivas sobre o status de Hebreus em todas as comunidades cristãs primitivas. No entanto, tais omissões não indicam necessariamente rejeição.

Uma diferença fundamental na recepção inicial de Hebreus reside entre as tradições dos manuscritos gregos e latinos. Hebreus foi incluído consistentemente nas coleções gregas das cartas de Paulo, mas inicialmente excluído das latinas. Essa diferença provavelmente teve mais a ver com as práticas dos escribas e a transmissão dos manuscritos do que com decisões teológicas formais. A diversidade de recepção entre as tradições dos manuscritos ilustra que as atitudes dos primeiros cristãos em relação a Hebreus foram moldadas tanto por fatores práticos e regionais quanto por julgamentos doutrinários.

Nas comunidades de língua grega, a carta aos Hebreus ganhou força pelo menos a partir do século III. Clemente de Alexandria a aceitou como paulina, sugerindo que Paulo escreveu a carta originalmente em hebraico e que Lucas a traduziu para o grego. Orígenes, embora reconhecesse a incerteza da autoria — "Quem escreveu a epístola, na verdade, Deus sabe" —, valorizava sua profundidade teológica e sua percepção espiritual. Sua integração aos códices gregos das cartas de Paulo ajudou a reforçar seu uso e autoridade.

Em contraste, as comunidades de língua latina parecem ter sido mais lentas em aceitar os hebreus como paulinos. A tradição latina primitiva não incluía os hebreus nas coleções paulinas, e questões sobre sua autoria persistiam. No entanto, com o tempo, figuras influentes como Jerônimo e Agostinho passaram a afirmar sua inclusão, mesmo reconhecendo debates sobre sua autoria e autoridade. Os concílios de Hipona (393) e Cartago (397) incluíram os hebreus em suas listas de escritos do Novo Testamento.

Ao alcançar ampla aceitação, Hebreus começou a exercer ampla influência na teologia, na liturgia e na estrutura eclesiástica. Sua representação de Cristo como sumo sacerdote moldou a compreensão cristã primitiva do ministério celestial e da expiação de Jesus. A ênfase da carta na perseverança e na fidelidade à aliança repercutiu profundamente nas tradições monásticas e pastorais. Nas liturgias orientais, Hebreus era às vezes lido durante a Semana Santa, com seus temas de sacrifício e sacerdócio alinhados à narrativa da Paixão.

Teólogos patrísticos basearam-se fortemente em Hebreus. Atanásio citou-o em defesa da cristologia nicena. João Crisóstomo proferiu homilias sobre Hebreus que foram influentes na tradição interpretativa posterior. Tomás de Aquino posteriormente incorporou Hebreus à teologia sistemática, produzindo um comentário influente.

Em suma, o status canônico e a recepção de Hebreus ilustram um processo dinâmico e multifacetado. Em vez de uma história de simples inclusão ou exclusão, a jornada de Hebreus rumo ao cânon reflete a complexa interação entre tradição manuscrita, ressonância teológica e uso eclesial. O que começou como uma homilia anônima acabou sendo reconhecido como Escritura Sagrada — não apenas por sua procedência, mas por seu poder de anunciar Cristo à vida da Igreja.

Capítulo 16
Abordagens modernas para Hebreus

A Epístola aos Hebreus há muito desafia intérpretes com sua autoria anônima, estilo distinto e teologia complexa. Nas últimas décadas, a carta atraiu renovado interesse acadêmico em um amplo espectro de abordagens metodológicas. Este capítulo explora algumas das estruturas contemporâneas mais influentes para o estudo de Hebreus, incluindo análise histórico-crítica, crítica retórica e narrativa, e diversas leituras ideológicas, como abordagens feminista, pós-colonial e liberacionista. Cada uma dessas perspectivas destaca diferentes dimensões do texto e contribui para uma compreensão mais rica de seu significado teológico, literário e cultural.

Abordagens histórico-críticas continuam a moldar o estudo acadêmico de Hebreus, particularmente nos esforços para reconstruir o contexto histórico da carta e rastrear seu uso de fontes escriturais. Estudiosos que trabalham com essa tradição analisaram o envolvimento de Hebreus com a Septuaginta (LXX), seu contexto conceitual no judaísmo do Segundo Templo e seu diálogo teológico com as comunidades cristãs primitivas. O foco aqui é frequentemente situar Hebreus no panorama diverso do cristianismo primitivo e compreender como sua argumentação emerge e responde aos desenvolvimentos religiosos contemporâneos. Esses estudos destacam a profunda intertextualidade e a sofisticada reinterpretação das escrituras de Israel em Hebreus, especialmente em sua apresentação de Cristo como sumo sacerdote e mediador.

A crítica retórica tem se mostrado especialmente frutífera para a interpretação de Hebreus. Partindo do reconhecimento de que Hebreus se assemelha mais a um sermão do que a uma carta tradicional, estudiosos examinaram sua estrutura, estratégias retóricas e técnicas de persuasão. Dedicou-se atenção ao uso de comparações (synkrisis), à alternância entre exortação e exposição, e aos seus apelos às emoções e experiências do público. Esses estudos ressaltam a intenção pastoral da epístola, mostrando como as afirmações teológicas estão inseridas em um apelo cuidadosamente elaborado à perseverança, ao comprometimento e à esperança da comunidade.

Intimamente relacionadas estão as abordagens narrativas-críticas, que se concentram em como Hebreus constrói um universo narrativo coerente e convida os leitores a habitá-lo. Essas interpretações veem a epístola não apenas como uma coleção de argumentos, mas como uma narrativa teológica que reformula a história de Israel, redefine a aliança e o sacerdócio e situa o público em um drama escatológico. Tais abordagens destacam a complexidade temporal da carta — sua ênfase no que já foi cumprido, no que é atualmente acessível pela fé e no que ainda está por vir.

Nas últimas décadas, leituras ideológicas e contextuais abriram novos caminhos para o engajamento com Hebreus. Estudiosas feministas examinaram o uso de imagens patriarcais na carta, seus exemplos de fé dominados por homens e a ausência de vozes femininas. Enquanto alguns criticaram Hebreus por reforçar padrões hierárquicos e excludentes, outros exploraram o potencial subversivo de sua teologia, particularmente em sua visão de solidariedade, marginalização e transformação.

Intérpretes pós-coloniais e liberacionistas também encontraram em Hebreus desafio e promessa. A ênfase da epístola em "sair do arraial" (13:13) e a reprovação constante foram interpretadas como um chamado à identificação com os oprimidos e marginalizados. Ao mesmo tempo, o uso frequente de linguagem hierárquica no texto levantou questões sobre como Hebreus pode ser lido tanto crítica quanto construtivamente em contextos de poder e resistência. Essas leituras convidam à reflexão contínua sobre as implicações sociopolíticas do discurso teológico.

A história da recepção tornou-se outra área vibrante de estudo, traçando como Hebreus foi interpretado e implantado ao longo do tempo e da tradição. Da exegese patrística ao uso monástico medieval, dos debates da Reforma aos contextos litúrgicos modernos, estudiosos exploraram como diferentes comunidades se apropriaram dos temas de sacerdócio, sacrifício e perseverança de Hebreus. A história da recepção revela a diversidade das vidas posteriores de Hebreus e as maneiras como seu significado foi moldado por mudanças em questões históricas e teológicas.

Por fim, as interpretações teológicas de Hebreus continuam a engajar a epístola como uma voz viva dentro da teologia cristã. Teólogos contemporâneos têm se baseado em Hebreus para refletir sobre questões como cristologia, expiação, eclesiologia e escatologia. A descrição de Jesus como o pioneiro e consumador da fé, sua visão da adoração celestial e seu constante chamado à perseverança ressoaram em todas as tradições como recursos tanto para a reflexão doutrinária quanto para a formação espiritual.

Em suma, as abordagens modernas a Hebreus refletem um amplo e crescente campo de investigação. Seja por meio de reconstrução crítica, análise literária, engajamento ideológico ou apropriação teológica, estudiosos continuam a encontrar em Hebreus um testemunho rico e provocativo da fé e da imaginação cristã primitiva. Essas leituras diversas garantem que Hebreus permaneça não apenas um tema de interesse histórico, mas também um texto que continua a dialogar com novos contextos e questões.

Capítulo 17
Questões de estudo e exercícios

Este capítulo oferece um conjunto de ferramentas de estudo projetadas para reforçar o aprendizado, estimular o pensamento crítico e apoiar o engajamento individual ou em grupo com a Epístola aos Hebreus. Esses exercícios são particularmente adequados para salas de aula, grupos de estudo da igreja ou leitores independentes que buscam uma abordagem estruturada.

Perguntas para discussão

Como Hebreus 1 contrasta o Filho com os anjos, e por que isso é significativo?

Quais temas de solidariedade e sacerdócio são introduzidos nos capítulos 2 a 4?

Como Hebreus reformula a figura de Melquisedeque nos capítulos 5-7?

De que maneiras Hebreus 8 redefine a aliança à luz de Cristo?

Que implicações teológicas e pastorais surgem do sacrifício "de uma vez por todas" nos capítulos 9-10?

Como os exemplos em Hebreus 11 servem à exortação mais ampla de perseverar?

O que Hebreus 12 sugere sobre disciplina divina e perseverança comunitária?

Como o capítulo final (13) resume e aplica a visão ética e comunitária da carta?

Sugestões para Ensaios Temáticos
Analise as afirmações cristológicas de Hebreus e como elas se relacionam com o Antigo Testamento.

Compare o uso das Escrituras em Hebreus com outros escritos do Novo Testamento.

Explore a estrutura retórica e o fluxo da argumentação em Hebreus.

Discuta a tensão entre advertência e encorajamento na estratégia pastoral da carta.

Ideias para artigos de pesquisa
O papel do motivo do santuário celestial em Hebreus.

Uma exploração da fé em Hebreus 11 à luz da literatura judaica antiga.

Recepção dos hebreus na teologia e liturgia patrística.

Um estudo comparativo das epístolas de Hebreus e Paulina sobre o tema da aliança.

Exercícios Exegéticos
Faça uma leitura atenta de Hebreus 4:14-16. Qual é o significado de se aproximar do trono da graça?

Analise Hebreus 10:19–25. Como a passagem funciona como uma ponte na carta?

Examine a citação de Jeremias 31 em Hebreus 8. Como ela é reinterpretada cristologicamente?

Esses exercícics visam incentivar um envolvimento mais profundo com o texto e equipar os leitores para interpretar Hebreus de forma crítica e devocional.

Selecione Bibliografia

Attridge, Harold W. *The Epistle to the Hebrews*. Hermeneia. Philadelphia: Fortress Press, 1989.

Bauckham, Richard, Daniel R. Driver, Trevor A. Hart, & Nathan MacDonald, eds. *The Epistle to the Hebrews and Christian Theology*. Grand Rapids: Eerdmans, 2009.

Cockerill, Gareth Lee. *The Epistle to the Hebrews*. New International Commentary on the New Testament. Grand Rapids: Eerdmans, 2012.

Cosby, Michael R. *Apostle to the Conquered: Reimagining Paul's Mission*. Grand Rapids: Eerdmans, 2005.

DeSilva, David A. *Perseverance in Gratitude: A Socio-Rhetorical Commentary on the Epistle to the Hebrews*. Grand Rapids: Eerdmans, 2000.

Dunnill, John. *Covenant and Sacrifice in the Letter to the Hebrews*. Society for New Testament Studies Monograph Series 75. Cambridge: Cambridge University Press, 1992.

Guthrie, George H. *The Structure of Hebrews: A Text-Linguistic Analysis*. Novum Testamentum Supplements 73. Leiden: Brill, 1994.

Hagner, Donald A. *Encountering the Book of Hebrews: An Expository Survey*. Grand Rapids: Baker Academic, 2002.

Isaacs, Marie E. *Sacred Space: An Approach to the Theology of the Epistle to the Hebrews*. Journal for the Study of the New Testament Supplement Series 73. Sheffield: Sheffield Academic Press, 1992.

Johnson, Luke Timothy. *Hebrews: A Commentary*. New Testament Library. Louisville: Westminster John Knox Press, 2006.

Koester, Craig R. *Hebrews: A New Translation with Introduction and Commentary*. Anchor Yale Bible 36. New Haven: Yale University Press, 2001.

Lane, William L. *Hebrews 1–8* and *Hebrews 9–13*. Word Biblical Commentary 47A–B. Dallas: Word Books, 1991.

Mason, Eric F., and Kevin B. McCruden, eds. *Reading the Epistle to the Hebrews: A Resource for Students*. Atlanta: Society of Biblical Literature, 2011.

Moffitt, David M. *Atonement and the Logic of Resurrection in the Epistle to the Hebrews*. Supplements to the Journal for the Study of Judaism 141. Leiden: Brill, 2011.

Rhee, Victor (Sung-Yul). *Faith in Hebrews: Analysis within the Context of Christology, Eschatology, and Ethics*. Studies in Biblical Literature 65. New York: Peter Lang, 2001.

Rothschild, Clare K. *Hebrews as Pseudepigraphon: The History and Significance of the Pauline Attribution*. Wissenschaftliche Untersuchungen zum Neuen Testament 235. Tübingen: Mohr Siebeck, 2009.

Schreiner, Thomas R. *Commentary on Hebrews*. Biblical Theology for Christian Proclamation. Nashville: B&H Academic, 2015.

Thompson, James W. *Hebrews*. Paideia Commentaries on the New Testament. Grand Rapids: Baker Academic, 2008.

Young, David. *The Concept of Canon in the Reception of the Epistle to the Hebrews.* The Library of New Testament Studies. London: T&T Clark, 2022.

Apêndice A

Cronologia da recepção dos hebreus

ca. 60–90: Data provável da composição de Hebreus.

Século II: Uso fragmentário pelos padres da igreja; não listado no Fragmento Muratoriano.

Séculos III–IV: ampla aceitação em coleções gregas de cartas paulinas.

Final do século IV: Inclusão nas listas do cânone latino (por exemplo, Concílios de Hipona e Cartago).

Período patrístico em diante: uso regular na reflexão teológica, liturgia e instrução eclesial.

Apêndice B

Glossário de termos-chave

Apostasia: O ato de abandonar a fé; uma preocupação repetida em Hebreus.

Cristologia: O estudo teológico da pessoa e obra de Cristo; Hebreus faz contribuições significativas à cristologia cristã primitiva.

Aliança: Um relacionamento divinamente instituído entre Deus e a humanidade; em Hebreus, a antiga aliança é contrastada com a nova aliança inaugurada por meio de Cristo.

Dia da Expiação: O ritual anual sob a antiga aliança envolvendo sacrifício e mediação sacerdotal; um pano de fundo para entender a oferta única de Cristo.

Exortação: Apelo pastoral urgente; Hebreus é descrito como uma "palavra de exortação".

Fé: Definida em Hebreus 11 como certeza e convicção; um tema central em toda a epístola.

Sumo Sacerdote: Um título central para Cristo em Hebreus; indica seu papel como mediador diante de Deus em nome da humanidade.

Melquisedeque: Um misterioso rei-sacerdote em Gênesis 14 e Salmo 110, interpretado tipologicamente em Hebreus como um padrão para o sacerdócio de Cristo.

Santuário: O lugar santo de adoração; Hebreus contrasta o santuário terrestre com o celestial onde Cristo entrou.

Septuaginta (LXX): A tradução grega da Bíblia hebraica amplamente usada nas citações e interpretações de Hebreus.

Tipologia: Método de interpretação em que figuras ou eventos do Antigo Testamento prenunciam realidades cumpridas em Cristo.

Passagens de advertência: Textos em Hebreus (por exemplo, 6:4-6; 10:26-31) que alertam contra a apostasia e enfatizam a seriedade da perseverança.

Apêndice C

Textos selecionados do AT citados em Hebreus

Este apêndice fornece uma seleção de passagens significativas do Antigo Testamento citadas em Hebreus, com comentários sobre seu contexto original e como o autor de Hebreus as reinterpreta cristologicamente.

Gênesis 2:2

CONTEXTO ORIGINAL: Descreve o descanso de Deus no sétimo dia após a criação.

USO EM HEBREUS: Citado em Hebreus 4:4 para apoiar o conceito de um descanso sabático para o povo de Deus. Hebreus reinterpreta esse descanso tipologicamente como um descanso espiritual disponível aos crentes por meio da fé e da obediência em Cristo.

Gênesis 14:18–20

CONTEXTO ORIGINAL: Fala de Melquisedeque, rei de Salém e sacerdote do Deus Altíssimo, que abençoa Abrão.

USO EM HEBREUS: Forma a base de Hebreus 7, onde Melquisedeque é apresentado como um tipo de Cristo — eterno, sem genealogia e superior aos sacerdotes levíticos. Hebreus usa essa narrativa para fundamentar a ideia do sacerdócio de Jesus ser "segundo a ordem de Melquisedeque".

Êxodo 19:12-13

CONTEXTO ORIGINAL: Deus avisa Israel para manter distância do Monte Sinai ao proferir a lei.

USO EM HEBREUS: Aludida em Hebreus 12:18-21 para contrastar o temível e inacessível Sinai com a visão acolhedora do Monte Sião. Esse contraste enfatiza a superioridade da nova aliança e o acesso do crente a Deus.

Êxodo 24:8

CONTEXTO ORIGINAL: Moisés asperge o sangue da aliança sobre o povo para ratificar a aliança de Deus no Sinai.

USO EM HEBREUS: Citado em Hebreus 9:20 como um paralelo ao sangue sacrificial de Cristo. O autor contrasta os efeitos limitados e externos dos rituais mosaicos com a purificação interna e eterna alcançada por Cristo.

Deuteronômio 32:35-36

CONTEXTO ORIGINAL: Deus declara seu papel como juiz justo do Seu povo.

USO EM HEBREUS: Citado em Hebreus 10:30 como parte de uma severa advertência sobre o julgamento daqueles que desprezam a graça oferecida em Cristo. A passagem reforça a justiça divina e a retribuição contra a apostasia.

Salmo 8:4–6

CONTEXTO ORIGINAL: Reflete sobre a surpreendente dignidade e o status dos seres humanos na criação de Deus.

USO EM HEBREUS: Citado em Hebreus 2:6-8 para afirmar a plena identificação de Jesus com a humanidade e sua exaltação suprema sobre todas as coisas. O salmo se torna uma lente para enxergar Cristo como o verdadeiro ser humano que cumpre a intenção de Deus para a humanidade.

Salmo 22:22

CONTEXTO ORIGINAL: Um grito de libertação se transforma em uma declaração de louvor e proclamação entre os fiéis.

USO EM HEBREUS: Citado em Hebreus 2:12 como parte do argumento de que Jesus compartilha os sofrimentos e experiências de seus irmãos e irmãs. A citação destaca o papel de Jesus como aquele que lidera uma comunidade redimida na adoração.

Salmo 40:6–8

CONTEXTO ORIGINAL: Expressa o entendimento do salmista de que a obediência é mais agradável a Deus do que o sacrifício.

USO EM HEBREUS: Citado em Hebreus 10:5-7, usando a versão LXX que diz "um corpo que me preparaste". Essa diferença crucial permite que Hebreus apresente Cristo como aquele que oferece obediência perfeita por meio de seu corpo encarnado, cumprindo o que Deus verdadeiramente deseja.

Salmo 95:7-11

CONTEXTO ORIGINAL: Alerta a geração do deserto para não endurecer o coração e perder o descanso de Deus.

USO EM HEBREUS: Citado em Hebreus 3:7-11 e desenvolvido no capítulo 4 como um alerta ao público contemporâneo. O "descanso" é reinterpretado como uma promessa ainda disponível, incitando os leitores a responderem com fé.

Salmo 102:25-27

CONTEXTO ORIGINAL: Uma declaração da natureza eterna de Deus em meio à fragilidade humana.

USO EM HEBREUS: Citado em Hebreus 1:10-12 e aplicado ao Filho, afirmando a imutabilidade divina e a superioridade de Cristo sobre a criação.

Salmo 110:1, 4

CONTEXTO ORIGINAL: Celebra a entronização de uma figura sacerdotal real.

USO EM HEBREUS: Repetidamente citado para estabelecer a autoridade real de Cristo (1:13) e o sacerdócio eterno (5:6; 7:17, 21). O Salmo 110 serve como pedra angular da cristologia de Hebreus e argumento a favor do status único de Jesus.

Isaías 8:17-18

CONTEXTO ORIGINAL: Isaías expressa sua confiança em Deus e identifica a si mesmo e seus filhos como sinais para Israel.

USO EM HEBREUS: Citado em Hebreus 2:13 para afirmar a solidariedade de Jesus com a humanidade. Assim como Isaías se posiciona entre o seu povo, Jesus se identifica plenamente com aqueles que redime.

Jeremias 31:31–34

CONTEXTO ORIGINAL: Anuncia uma futura nova aliança escrita no coração, marcada pelo perdão e pela transformação interior.

USO EM HEBREUS: Citado na íntegra em Hebreus 8:8-12 e referenciado novamente em 10:16-17. Hebreus apresenta Jesus como o mediador desta nova aliança prometida, que substitui a antiga e traz o perdão e a intimidade com Deus que o antigo sistema não conseguia assegurar.

Habacuque 2:3–4

CONTEXTO ORIGINAL: Um chamado para esperar pacientemente pela justiça de Deus, enfatizando que os justos viverão pela fé.

USO EM HEBREUS: Citado em Hebreus 10:37-38 como parte do chamado à perseverança. Reforça a ideia de que a fidelidade contínua, mesmo em meio a atrasos ou sofrimento, é a marca da justiça.